REINICIO DEL ALMA

Crisis, avance
y viaje a la plenitud

JUNIUS B. DOTSON

REINICIO DEL ALMA: CRISIS, AVANCE Y VIAJE A LA PLENITUD

Sitio web de Upper Room Books®: upperroombooks.com

En el momento de la publicación, todas las referencias a sitios web de este libro eran válidas. Sin embargo, debido a la naturaleza fluida de la Internet algunas direcciones pueden haber cambiado o el contenido puede ya no ser relevante.

Traducción al español por Magda Velander
Edición por Pablo Garzón
Diseño de la portada: Tim Green, Faceout Studio
Imágenes de la portada: Shutterstock
Composición y diseño interior: PerfecType | Nashville, TN

ISBNs
978-0-8358-1964-0 (impresión)
978-0-8358-1965-7 (mobi)
978-0-8358-1966-4 (ePub)

A las personas que se niegan a darse por vencidas en los días oscuros y las personas en sus vidas que las apoyan y animan.

ÍNDICE

Prefacio 7

Agradecimientos 11

Introducción 13

Capítulo 1: ¿Cómo está su alma? 23

Capítulo 2: Cuando la depresión golpea 37

Capítulo 3: No todo depende de mí 53

Capítulo 4: Come algo 69

Capítulo 5: Vida en crisis 81

Capítulo 6: Vivir en la luz 97

Epílogo 111

Prácticas espirituales diarias para un
Reinicio del alma 115

Acerca del autor 133

PREFACIO

Reiniciar es una palabra que flota en nuestra cultura actual. Podemos reiniciar nuestros ordenadores. Podemos reajustar nuestras actitudes. Podemos reiniciar nuestras relaciones, reiniciar nuestros relojes y nuestros aparatos electrónicos. Pero en los últimos años, un «reiniciar» ha tomado un significado más profundo. Reiniciar puede significar un reordenamiento de las prioridades, una remodelación del propósito y la búsqueda. Decidir un reinicio significa que nos tomamos un tiempo de espera, estudiamos la situación y trazamos un nuevo camino a seguir. Me encanta la imagen del tipo de reinicio más impactante: el reinicio de fábrica. En un reinicio de fábrica, se restaura la estructura desde el principio, se elimina el desorden, los archivos y la información anticuada, y se empieza de nuevo con un mundo de posibilidades que se tienen por delante. Un restablecimiento de fábrica es volver al principio y crear una nueva forma de avanzar.

He tomado la idea de un reinicio de fábrica y la he aplicado a mi propia alma. En esta obra, mis lectores y lectoras leerán sobre la necesidad desesperada que yo tenía de un reinicio total y completo del alma. Necesitaba devolverme a todo lo que estaba inicialmente establecido en mi corazón, alma y mente, para limpiar el desorden y las formas antiguas de pensar y actuar que no sólo eran ineficaces, sino que también me robaban mi capacidad de funcionar al máximo de mis posibilidades. Así pues, mi definición de un *reinicio del alma* es un alto en el camino de la actividad crónica, una mirada profunda hacia el interior y una mirada intencional a Dios, y a un peregrinaje nuevo y más holístico hacia adelante que se asemeja más a la vida abundante que Jesús invita a sus discípulos. Un reinicio del alma es el ofrecerse a sí mismo, totalmente, a Dios. Significa colocarse en el altar y buscar seriamente el rostro de Dios. Significa una temporada de oración ferviente y ayuno. Busca encontrar formas nuevas y significativas de conectar con Jesús, el amante de nuestras almas.

El objetivo final de un reinicio del alma es vivir nuestras mejores vidas ahora. Vivir la vida abundante que Jesús nos prometió. A veces esto significa luchar por la felicidad en medio de situaciones difíciles. El apóstol Pablo estaba en prisión, preparándose para ser ejecutado, y escribió una carta a la iglesia de Filipos sobre la alegría. Les dijo: «*Alégrense siempre en el Señor. Insisto: ¡Alégrense!*» (Filipenses. 4:4). No es fácil, pero es posible, sobre todo cuando recordamos que ¡en la presencia de Dios está la plenitud del gozo! (ver Salmo 16:11).

Para poder experimentar la plenitud del gozo, parte de nuestro reinicio del alma debe incluir prácticas espirituales que nos ayuden a permanecer cerca de Dios y a ordenar nuestras vidas de tal manera que evitemos el exceso de compromisos, las agendas sobrecargadas y la falta de oración. Las prácticas espirituales como la oración, llevar un diario, los grupos pequeños de estudio bíblico u oración, la confesión, e incluso el lamento nos mantienen en conexión con Dios. Con estas prácticas podremos reordenar nuestras vidas en el camino de la abundancia y la alegría mientras cambiamos la sobrecarga de actividades que nos oprime. Las prácticas espirituales son muy importantes y vitales para nuestro peregrinaje de discipulado. No se trata de ser un mejor miembro de la iglesia. No se trata de ser un líder perfecto o una líder perfecta. No se trata de tener la apariencia de religiosidad o santidad. Se trata de crecer en nuestra relación con Dios y permanecer en el amor de Jesús.

Esta relación es la base para una vida sana y plena. Es la base para crear una comunidad de fe saludable. Cada día que pasa me enseña que, si me mantengo conectado a Jesús y firme en mi fe, entonces no importa el problema que enfrente, no tiene que abrumarme. Aprendo que sin importar por lo que tenga que pasar, no lo voy a enfrentar en soledad. Recuerde,

> «*Si tienes que pasar por el agua, yo estaré contigo,*
> *si tienes que cruzar ríos, no te ahogarás;*
> *si tienes que pasar por el fuego, no te quemarás,*
> *las llamas no arderán en ti.*
> *Pues yo soy tu Señor, tu Salvador, …*»
> (Isaías 43:2-3, *DHH*).

Si ha perdido su conexión con el Dios vivo, quiero invitarle a comenzar un reinicio del alma. Si usted, como yo, se ha sentido demasiado ocupado/a, cansado/a y exhausto/a para hacer el trabajo para Dios, quizás necesitan un reinicio del alma, un tiempo para estar con Dios en vez de hacer actividades para Dios. Si usted es nuevo/a en la fe cristiana y se encuentra en la búsqueda de la verdadera alegría y plenitud de la vida, quiero invitarle a hacer un reinicio del alma y reordenar su vida en torno al amor, la gracia y la bondad de Dios. Si sufre de ansiedad o depresión, si atraviesa por un momento de dolor o está atrapado/a en un espíritu de desesperación, quiero invitarle a reiniciar, a inclinarse en los brazos amorosos de Dios y saber que cuenta con el amor de Dios y que el señor no le abandona. Dondequiera que esté en su viaje, cuando nos apoyamos en Dios es el lugar perfecto para empezar.

Mi oración es que el reinicio de su alma establezca un nuevo curso para su vida. El reinicio significó para mí nueva alegría y paz profunda que nunca antes había conocido. Todavía tengo que enfrentar pruebas: mucho trabajo por hacer, y la ansiedad y depresión que me acechan y tratan de apoderarse de mí. Pero un reinicio me lleva de vuelta al principio, y me ayuda a recordar que debo permanecer conectado a Dios a través de las prácticas espirituales. Mantengo a Dios en primer lugar y conservo suficiente margen en mis días para respirar profundamente, para escuchar a Dios, y para escuchar a Dios recordarme quién soy. Creo que el reiniciar el alma cambiará la forma en que vive, la forma en que se relaciona con usted mismo, con usted misma, y la forma como se relaciona con las demás personas. Como resultado, su vida diaria, familia, lugar de trabajo e iglesia no volverán a ser lo mismo.

¡En el nombre de Jesús! Amén.

Junius B. Dotson

AGRADECIMIENTOS

El proceso emocional de escribir este libro fue mucho más difícil de lo que jamás podría haber imaginado. Quiero dar las gracias al increíble equipo editorial de The Upper Room por invertir en la vida espiritual de los y las líderes. Estoy especialmente agradecido con Jenny Youngman, quien trabajó en mis historias con mucho cuidado, y a Brenda Lockhart por proteger mi tiempo y espacio para poder compartir mis historias.

Hay algunas personas en este mundo que son compañeras indispensables para el peregrinaje. Agradezco a Toska Medlock por defender este proyecto e impulsarme constantemente hacia un punto más alto. Gracias por apoyar mi ministerio y por creer siempre que tengo algo importante que ofrecer al mundo.

Mi peregrinaje hacia la plenitud no hubiera sido posible sin la gente maravillosa de Génesis y San Marcos. Quiero agradecerles por trabajar a mi lado y por confiar en mi visión y liderazgo. Gracias por acompañarme, especialmente en las temporadas de depresión y dolor. Nunca olvidaré que el personal de San Marcos viajó a Houston para estar ahí para mí cuando perdí a mi madre. Gracias sobre todo por ser mi familia. Mi amor por ustedes nunca acabará, ni mi gratitud sincera, y respeto por todos sus esfuerzos para hacer crecer el Cuerpo de Cristo.

¿Cree que la vida en una pecera es fácil? Es difícil estar en el centro de atención. Gracias, Christina, Wesley y Janelle, por navegar por una serie de relaciones complejas, demandas en competencia, expectativas públicas no verbales y emergencias pastorales en más de unas vacaciones. Gracias, Janelle y Wesley, por compartir a su padre. Estoy muy orgulloso de ambos. Su estímulo constante me enseñó el verdadero significado de la autenticidad.

INTRODUCCIÓN

«Porque mi yugo es fácil, y mi carga es liviana».
—Mateo 11:30, *RVC*

Fue el momento más embarazoso de mi vida. Desde el primer minuto, supe que algo estaba mal. Ya había predicado mil sermones antes y en algunos no me sentía bien de salud. Esta vez, nada menos que en un funeral, algo era diferente, algo estaba mal. Me desperté sintiéndome mal esa mañana, pero un pastor, hombre o mujer, no se enferma cuando tiene que apoyar a una familia en duelo. Mientras me preparaba para el día, sabía que me sentía cansado, fatigado, como si fuera otra tarea que tuviera que soportar.

Recuerdo claramente que estaba predicando sobre el Salmo 23, hablaba de las experiencias del valle. La ironía, es que, aunque no me di cuenta en ese momento, me estaba acercando a mi propio valle. Predicaba que el Señor proporciona lugares tranquilos y es nuestro pastor, nos conduce por arroyos tranquilos y restaura nuestras almas. Salían palabras de consuelo de mi boca, pero mi mente se tambaleaba y luchaba por estar presente. Esta familia en duelo buscaba mi apoyo, como en mi vida de líder espiritual semana tras semana, y todo lo que yo quería era ser una ayuda para la gente en necesidad. Me coloqué en el púlpito, miré a la congregación reunida, y rápidamente me di cuenta de que no iba a sobrevivir al sermón. Mientras me apresuraba a atravesar el sermón, miraba a esta familia afligida, en medio de una frase me sentí mareado y desorientado, y luego, me derrumbé. Lo siguiente que supe fue que los paramédicos me llevaban en una ambulancia.

De camino al hospital, me sentí avergonzado y apenado, como un fracasado. Había defraudado a una familia y a una comunidad que dependía de mí. Durante mucho tiempo, cada vez que veía a esa familia, la humillación que sentía por esa experiencia me invadía. ¿Qué clase de pastor se desmaya mientras predica en un funeral? ¿Qué podría estar tan mal en mí que llegara a un caso tan extremo de colapso? Cuando llegué al hospital, los médicos me examinaron y me dieron un diagnóstico del que nunca había oído hablar: Tenía «fatiga extrema».

Fatiga extrema. Pero, aparentemente desde todos los puntos de vista las cosas estaban bien. Mi comienzo nuevo en la iglesia, la Iglesia Metodista Unida Génesis, crecía a un ritmo rápido. Agregábamos personal para llevar a cabo todo el trabajo y el ministerio que había que hacer. Algunas de las cosas innovadoras que nuestro ministerio implementaba fueron presentadas en los canales de noticias locales. Los periódicos escribían sobre nosotros. Aparecimos en un segmento del programa de radio nacional *The Osgood File*. Debido a todas las apariencias de éxito de mi iglesia nueva, se podría pensar que vivía en la cima de una montaña. Les contaba a todas las personas que me escuchaban los éxitos fabulosos que sucedían en Génesis.

Pero las noticias no narraban la historia de la presión que yo me había impuesto para que el ministerio siguiera funcionando. No me di cuenta, pero había establecido un nivel y una expectativa tan altos para mí, que no habría manera de mantener ese ritmo de trabajo. No tomé tiempo libre. Predicaba todos los domingos. Era el director general espiritual y quien tomaba las decisiones. Dirigía este ministerio, y eso significaba disponibilidad 24 horas al día, 7 días a la semana. Por fuera parecía como si estuviera en la cima de una montaña, y me sentía como si estuviera en la cima de una montaña por un tiempo corto. Pero entonces ahí estaba, tumbado en la parte trasera de una ambulancia con fatiga extrema. Lamentablemente, lo que debería haber tomado como la indicación de una luz roja, lo traté como una luz amarilla, disminuí la velocidad sólo para evaluar la situación, pero volví al mismo ritmo de trabajo que no sería sostenible para mí ni para cualquier persona.

Montañas y valles

El *Señor* es mi pastor, nada me falta;
en verdes pastos me hace descansar.
Junto a tranquilas aguas me conduce;
me infunde nuevas fuerzas.
Me guía por sendas de justicia
por amor a su nombre.
Aun si voy por valles tenebrosos,
no temo peligro alguno
porque tú estás a mi lado;

tu vara de pastor me reconforta.
Dispones ante mí un banquete
  en presencia de mis enemigos.
Has ungido con perfume mi cabeza;
  has llenado mi copa a rebosar.
La bondad y el amor me seguirán
  todos los días de mi vida;
y en la casa del *Señor*
  habitaré para siempre. (Salmo 23)

El Salmo 23 se convirtió en una metáfora del tipo de cambio que tendría que hacer en mi propia vida. Estaba en la cima de una montaña, pero me dirigía rápidamente hacia el valle. Al principio del Salmo 23, David describe a Dios, diciéndonos quién es Dios. *El Señor* es mi pastor. Me hace descansar en verdes pastos. Me conduce junto a aguas tranquilas. *Me* refresca. Me guía. David está hablando *de* Dios. Pero cuando llega a su valle, David deja de hablar de Dios y empieza a hablar *con* Dios. *Tú* estás conmigo. *Tu* vara y *tu* cayado me reconfortan. *Me* preparas una mesa. Unges mi cabeza. *Tu* bondad y *tu* amor me seguirán. Es *más fácil* hablar de Dios en la cima de la montaña, ¿no? Gritamos que el Señor es bueno. ¡El Señor ha hecho esto por mí! Pero cuando nos encontramos en el valle, nos encontramos cara a cara con Dios, y nuestro lenguaje cambia. Necesitamos una intimidad con Dios más profunda de la que conocíamos. Necesitamos practicar y decir en voz alta a Dios, «Tú estás conmigo, Dios. Tú me consuelas, Dios. Tú me defiendes, Dios. Me bendices, Dios». Así es como damos cada paso a través del valle. Tuve que dejar de hablar *de* Dios y empezar a hablar *con* Dios.

Se preguntarán por qué querría que supieran mi historia. ¿Por qué querría compartir mi peregrinaje cuando significa admitir que no lo tengo todo en orden? La razón es porque creo de todo corazón que la vulnerabilidad y la autenticidad son la única manera de encontrar la integridad en Jesucristo. No estamos destinados a pasar por alto o rozar la superficie, fingiendo nuestro camino en la vida. Jesús nos invita a ser reales con él y con las personas. En las siguientes páginas hay historias de mi depresión, desesperación, agotamiento y vergüenza. No estoy aquí para decirles que quienes siguen a Jesús siempre tendrán casas grandes, una vida sin dolor y toda la felicidad del mundo. Pensar de esta manera simplemente no es verdad. No estoy aquí para decirles que las personas que nos lideran, sin importar el alcance de sus plataformas públicas, lo tienen todo y nunca sufren dolor, pérdida o tristeza. Estoy aquí para decirles que creo en el amor holístico y sanador y en la salvación en Jesucristo, quien camina a nuestro lado en los valles y crea belleza de las cenizas y escombros una y otra vez. Estoy aquí para decirles que he estado en la cima de las montañas y en los valles, y he descubierto que necesitamos un reinicio en nuestras almas. Necesitamos compartir nuestras historias para que otras personas también lo hagan. Cuando somos libres para expresar lo que realmente somos, es cuando llega la alegría verdadera.

Tengo que contar mi historia porque hay numerosas personas que sufren en silencio. No sólo sufren quienes dirigen las iglesias. Me he sentado con personas laicas para la capacitación del liderazgo de mujeres y hombres como líderes de negocios, directoras de universidades, líderes cívicos y ejecutivas de organizaciones sin fines de lucro. He participado en juntas de dirigentes con muchos líderes públicos quienes, en privado, no pueden esperar a compartir conmigo el dolor que sienten en sus propias vidas. Muchas de estas personas son miembros de alguna iglesia. No hemos hecho un buen trabajo en la iglesia para hacerla un lugar seguro para la expresión libre y sin temor de la vulnerabilidad y la autenticidad. Nos ponemos nuestros trajes de iglesia y pintamos nuestras sonrisas, pretendemos que estamos bien mientras alabamos y adoramos, sólo para regresar a casa con las mismas cargas pesadas y desafíos con los que entramos.

Hasta que no construyamos iglesias que permitan más autenticidad y transparencia —donde está bien no estar bien— donde las personas puedan contar honestamente sus historias, seguiremos escuchando los mismos temas de agotamiento, ansiedad, depresión, estrés, fatiga, colapsos nerviosos y suicidios. Comparto mi historia porque quiero eliminar el estigma en torno a la salud mental en la iglesia y en las comunidades religiosas. Quiero que conozcan mi historia, que sepan dónde he estado y dónde estoy ahora para que podamos comenzar un peregrinaje de sanidad mutua. Las congregaciones sanas crean personas sanas y las personas sanas crean congregaciones sanas. Creo que el núcleo del discipulado es la integridad. Creo en un Dios de la salvación holística, que Dios se preocupa por salvar cada aspecto de nuestro ser, nuestros cuerpos, nuestras almas y mentes. Espero que mi historia le inspire a reconocer dónde se encuentra en este momento y adónde quiere llegar, y evitar las dificultades de tratar de ser todo para todas las personas. He descubierto que la gente necesita un lugar para ser vulnerable y auténtica, para que las personas sepan que no están solas, sin importar por lo que estén pasando, para que también sepan que jugamos un papel importante para ayudar a hacer de las iglesias ese tipo de espacio seguro.

Estos ideales van en contra de lo que tal vez esperamos y experimentamos en la mayoría de las iglesias. Pensamos que el éxito radica en que mucha gente asista a la iglesia, la prominencia, un ambiente libre de conflictos y cargas, en toneladas de programas y actividades, donde todas las personas son felices todo el tiempo. Eso fue cierto para la iglesia Metodista Unidad Génesis. Éramos un lugar de celebración, lleno de alegría y euforia, nuevo y fresco. Recuerdo a una miembro de la iglesia Génesis que se acercó a mí una vez para decirme que dejaba nuestro ministerio porque nuestra experiencia en la adoración era demasiado alegre. Ella no sentía que hubiera un lugar para expresar su tristeza, así que tuvo que irse. Necesitamos lugares donde podamos expresar por que situaciones estamos atravesando. Necesitamos crear espacios para que las personas puedan decir en voz alta si sienten tristeza o fatiga, quebranto, o hablar del valle por el que estén pasando.

La Biblia nos ofrece un mapa de ruta hacia la integridad. Comienza y termina con Jesús, tal como lo hará este libro que están leyendo. He descubierto que hay muchos ejemplos de personas en las Escrituras que han encontrado su camino a través de la depresión, la ansiedad y el agotamiento, que han caminado a través de un valle y se han encontrado con el abrazo del amor implacable de Dios por toda la humanidad, y que han vivido la visión de Dios para sus vidas. Veremos las experiencias de David y su enseñanza sobre la depresión. Veremos las acciones de María y Marta para ver qué nos pueden enseñar sobre el estrés y el sentirse abrumados. Veremos a Elías para un examen de agotamiento y fatiga. Estudiaremos la vida de Job para aprender sobre el dolor. Exploraremos las respuestas de Judas y Pedro al arresto de Jesús para ver qué nos pueden enseñar sobre la vergüenza, el miedo y la vulnerabilidad.

Este libro es una llamada para reiniciar y reagruparse. Es una oportunidad para expresar el agotamiento, la sobrecarga, la fatiga crónica y la depresión que todas las personas sentimos; que trabajamos demasiado, sentimos vergüenza, tenemos miedo; que sentimos soledad y que necesitamos a Jesús. Jesús nos muestra cómo vivir y cómo vivir la vida en abundancia. Debo confesar que, como líder, he pasado por momentos en mi ministerio en los que me he desviado y cambiado de rumbo. He llevado cargas que no me pertenecían a mí, sino a Dios. He cargado los problemas de las personas que no me pertenecían a mí, sino a Dios. He cargado con puntos de vista poco realistas de cómo los demás pensaban que un líder debía comportarse, pensar y actuar que no me pertenecía a mí, sino a Dios. He cargado con el dolor que debería haberle entregado a Dios. He cargado con el peso de expectativas irreales cuando debería habérselas entregado a Dios. He funcionado y trabajado confiando en mis propias fuerzas en lugar de acceder a los recursos del Reino que están disponibles para mí.

Jesús dice en Mateo 11:28-30, «*Lleven mi yugo sobre ustedes, y aprendan de mí, que soy manso y humilde de corazón, y hallarán descanso para su alma; porque mi yugo es fácil, y mi carga es liviana*» (*RVC*).

Mi oración para usted es que pueda pausar lo suficiente para descubrir los ritmos no forzados de la gracia de Jesús. Jesús nos ofrece una forma de vivir, guiar y amar que no termina en el agotamiento. Estoy convencido de que dondequiera que usted se encuentre en su peregrinaje, este libro le dará el poder de permitir que el trabajo de la transformación de Dios se haga realidad en su vida.

«¿Cómo está su alma?»

> *«Vengan a mí todos ustedes, los agotados de tanto trabajar, que yo los haré descansar. Lleven mi yugo sobre ustedes, y aprendan de mí, que soy manso y humilde de corazón, y hallarán descanso para su alma; porque mi yugo es fácil, y mi carga es liviana».*
>
> Mateo 11:28-30, *RVC*

¿Alguna vez ha ido a un culto en su iglesia y revisa el reloj *para preguntarse si saldrá de ahí en 90 minutos?* ¿Ha estado en una reunión del comité de la iglesia y ha chequeado el reloj todo el tiempo? Si lo ha hecho, es posible que esté pasando por un momento de «agotamiento religioso».

Si pensamos con honestidad, la mayoría de las personas cristianas hemos pasado por temporadas de agotamiento. Para reiniciar nuestras almas y experimentar la plenitud que anhelamos, sólo tenemos que mirar a Jesús. El Señor nos mostró cómo estar en el ministerio, cómo trabajar largas horas, cómo atender las necesidades y expectativas de muchas personas, todo ello mientras estamos conectados a Dios, quien sabe que es muy fácil agotarse con la religión. Sabe que tomar un verdadero descanso es raramente fácil de hacer. Sabe que necesitamos recuperar nuestras vidas. Sabe cómo nos sentimos y por lo que pasamos porque también el Señor lo vivió. Dios vino a nosotros en Jesucristo y caminó con nosotros, experimentó nuestros sentimientos, enfrentó situaciones por las que pasamos. El Señor es el camino a la plenitud.

¿Que es la integridad?

Al comenzar a pensar en el reinicio de su propia alma, le invito a utilizar las palabras de Mateo 11:28-30 como una definición de *plenitud.* La invitación de Jesús es a permanecer cerca de él y aprender a vivir libre y ligeramente. Cierre los ojos por unos segundos e imagine la sensación de vivir libre y livianamente. ¿Qué significa esa sensación para usted? ¿Cuándo fue la última vez que se sintió libre o liviano? ¿Cuándo fue la última vez que se sintió realmente cerca de Jesús? ¿Cuándo fue la última vez que sintió plenitud e integridad en su cuerpo, mente y espíritu?

En mi experiencia, descubrir la plenitud ha requerido practicar los medios de gracia. Los medios de gracia son aquellas prácticas intencionales que nos ponen directamente en el flujo de las prácticas de la gracia como la oración, el silencio, la soledad, la confesión, llevar un diario, el ejercicio físico, los grupos pequeños de oración, la adoración, y práctica de la presencia de Dios, por nombrar algunos. He tenido que crear intencionadamente hábitos y ritmos de trabajo que me acercan a Jesús para mantener el sentido de plenitud. También he tenido que desaprender la idea de que ir a la iglesia los domingos contaba como mi único tiempo en la semana para estar con Dios. Asistir a la adoración colectiva es un medio de gracia y una práctica importante. Pero si no buscamos a Dios diariamente, no experimentaremos la plenitud de vida que Jesús nos ofrece. Practicar los medios de gracia no es siempre algo que hacemos dentro de la iglesia; también es algo que hacemos en nuestra vida diaria y en nuestras relaciones. Tenemos que elegir pasar tiempo con Dios cada día, buscar la sanidad y plenitud que nos guía a la luz y la vida en libertad.

Cuando vivimos la plenitud, observamos que podemos manejar mejor las tensiones producidas por situaciones difíciles de la vida. Este cambio se debe a nuestra conexión con Jesús. No significa que estemos libres de pruebas, pero sí que tenemos la capacidad de manejarlas. Significa que el amor, la misericordia y la bondad de Dios nos sostienen a través de la situación que enfrentemos. Cuando crecemos en Cristo y Cristo está en nuestras vidas, descubrimos una alegría que no es fabricada o dependiente de circunstancias externas. Esa alegría está en nuestro centro y no es fácil de remover.

La integridad se manifiesta en la capacidad de poder compartir a Cristo desde nuestra abundancia. Nos sentimos tan cerca de Jesús que de la abundancia de la gracia y el amor que nos ha dado, tenemos mucho para compartir con las demás personas. Perseguir la integridad me ha llevado a liberarme de una fachada. Ya no pretendo tenerlo todo a la vez. La búsqueda de la integridad me ha capacitado para vivir de una manera muy auténtica, natural y coherente. Vivo con integridad y puedo ser mi verdadero yo; no me escondo de nadie. He descubierto que el amor de Dios por mí no depende de mi productividad o mi positividad. Porque estoy cerca de Jesús, puedo ser vulnerable, y mi vulnerabilidad puede ayudar a otras personas en su peregrinaje espiritual. No hay sustituto para la cercanía con Jesús en este peregrinaje de reinicio del alma. El Señor es lo primero, lo último, ¡y todo lo que hay en medio!

Lo primero

Mi hijo se graduó en la Universidad de Kansas con un título en periodismo deportivo. Le encanta el béisbol, pero no tengo idea de dónde vino su amor por este deporte. A mí no me gusta. Los juegos son largos, lentos y aburridos. Cuando le pregunto por qué le gusta tanto el béisbol, no para de hablar de cómo, en el béisbol, los partidos están llenos de detalles. Hay estrategia y análisis y matices sobre cada pormenor: quién batea, quién lanza, quién está en la base, quién juega en la posición defensiva; todo funciona en conjunto para bien (o para mal) en cualquier juego. Y yo pienso; *todo eso sucede mientras miro la televisión esperando, no, rogando que algo pase.* Me aburro hasta las lágrimas de mirar este deporte, pero mi hijo mira con emoción, y me dice: «Sabes, papá, cuando los jugadores se levantan para batear y uno de ellos logra batear la pelota, ¡es emocionante! Todos observan para ver hasta dónde puede correr o si ganará al lanzar la pelota a primera base». Entonces mi hijo dijo algo que se me quedó grabado: Me recordó que lo más importante para ese bateador al correr hacia la primera base es que debe tocar *la almohadilla* en la primera base.

«Si falla en llegar a la almohadilla de la primera base, nada más importa. Si el jugador corre por todas las bases, pero se olvida de tocar la almohadilla de la primera base, está fuera. Nada cuenta». Si no toca la primera base, nada importa. Si golpea la pelota en el campo y pierde la primera base, no es un «hit». Si llega a casa, pero no toca la primera base, no obtiene el jonrón.

Mis sentidos de pastor se dieron cuenta de esto, y se me ocurrió que lo mismo sucede en la vida cristiana. Si hacemos todo lo que se supone que debemos hacer, si servimos bien a la iglesia, compartimos nuestra fe y hacemos todo lo que se supone que debemos hacer por Jesús, pero no hacemos lo primero, entonces no hemos llegado a ninguna parte. Lo más importante; nuestra etiqueta de primera base es permanecer cerca de Jesús. Despertar con él. Caminar a través de nuestros días con él. Servir con él. Amar a nuestra familia y amistades con él. Comer con él. Descansar en él. Lo primero es nuestra cercanía a Jesús. Esa relación con el Señor es lo que sostiene nuestras vidas y sustenta las obras a las que Jesús nos llama.

No sé usted, pero yo necesitaba volver al inicio, a mi primer amor, a Jesús. Literalmente tuve un colapso antes de recordar que Jesús ofrece una vida abundante y unos ritmos de gracia no forzados. Me costó una crisis darme cuenta de que no había tocado la primera base. En su lugar, estaba construía mi vida y ministerio sobre lo que podía producir *para* Jesús. Lideraba una iglesia próspera, creciente y dinámica, y celebraba todo tipo de éxitos estadísticos, mientras me sumía en la depresión, ansiedad y crisis nerviosa. En mi trabajo como Secretario General — CEO de la agencia Ministerios de Discipulado de la Iglesia Metodista Unida, he encontrado que es donde muchas de las personas creyentes viven deprimidas, ansiosas y al borde de un colapso nervioso. Muchos de los miembros, mujeres y hombres, de nuestras iglesias, si no la mayoría, hemos olvidado por qué hacemos lo que hacemos en primer lugar. Hemos olvidado que el mensaje de Jesús es en realidad una buena nueva de libertad, esperanza y un sin fin de posibilidades. El mensaje del evangelio no es solamente para que alcancemos más metas, para que llevemos a cabo más programas, y para que tantas ocupaciones nos consuman día a día. Especialmente nosotros, pastores, pastoras y líderes de la iglesia, nos enfocamos en números, presupuestos, crecimiento y programas porque estas categorías se pueden «medir y cuantificar». Pero se nos olvida que Jesús nos invitó a una relación para cambiar la vida, una relación de compañerismo destinada a traer plenitud. El olvido de nuestra relación con Jesús crea la ansiedad que nos atrapa y no nos permite movernos para salir de esa angustia y, en cambio, vivir una vida abundante.

Quiero dejar muy claro que hablo desde mi experiencia. No es un sermón sobre el cambio de vida o el despertar espiritual. Aquí expreso mi testimonio personal. Como ven, perdí de vista mi «por qué». Lo que resultó ser una proposición muy simple, plantar una iglesia que llegara a nuevas personas, se convirtió en presiones externas e institucionales. Cuando empecé el trabajo de plantar una iglesia, nadie me preguntó: «Oye, Junius, ¿cómo está tu alma?». Las preguntas que algunas personas me hacían una y otra vez eran: «¿Cuántas personas van a venir?». «¿Cuál es tu presupuesto?». «¿Cuándo vas a comprar un terreno y construir un edificio?». No tuve la oportunidad de pensar en mi tiempo personal con Jesús, sino que me concentré en hacer que mi iglesia prosperara y se fortaleciera para dar buenas respuestas a esas preguntas. En algún momento del camino, mi punto de partida pasó de crecer en mi relación con Dios y ayudar a otras personas a crecer en su relación con Dios, a la dirección de tareas institucionales como los números, el dinero, crecimiento, etc. Había perdido de vista el *por qué* sin siquiera darme cuenta, y comencé a sentirme más y más aislado y desconectado. Los números, presupuestos y las propiedades son aspectos importantes de una iglesia, pero no a expensas del *por qué,* de la cercanía a Jesucristo. A medida que mis prioridades se convirtieron en una cuestión de sólo tratar de mantener la tarea a flote, me desvié del curso de mi vida espiritual. Me volví cada vez más disperso espiritualmente, y menos íntegro espiritualmente.

Por supuesto, es posible tanto analizar los números y datos estadísticos como vivir una vida abundante. Pero ese balance únicamente funciona con una buena reserva de Agua Viva, si nos mantenemos profundamente arraigados en el *por qué.* Es entonces cuando los números y los presupuestos generan alegría, propósito y anhelo por tener éxito en lo que hacemos como una parte del cuerpo de Cristo. Si no estamos en una relación con Dios, sólo nos dedicamos a las tareas de la iglesia y a los quehaceres sin pasión y sin energía para el camino que tenemos por delante, y déjenme decirles que eso no resulta en nada bueno. Jesús nos ha llamado a aprender de él, a ser sus aprendices para ser sus discípulos y discípulas. Aprendemos de él, cómo vivir como él lo hizo, para poder ser sus discípulos/as en el mundo de hoy.

Recuperar el discipulado

Cuando regresamos al inicio vemos que todo vuelve al discipulado. Jesús llamó a sus discípulos a seguirle y a aprender de él; y antes de ascender al cielo, llamó a todas las personas al discipulado cuando dijo que lleváramos el evangelio a todo el mundo. Cuando empezamos a entender realmente lo que es ser discípulo — una persona que conoce a Cristo, que crece en Cristo, sirve a Cristo y comparte a Cristo — descubrimos que el discipulado es un peregrinaje de toda la vida que requiere una conexión constante con Jesús.

¿Con qué frecuencia ha considerado su llamado como discípulo de Jesucristo? ¿Con qué frecuencia ha tomado decisiones intencionales para crecer como discípulo de Jesús? Yo tenía planes para mi vida en relación a mi carrera, jubilación y mis finanzas, pero nunca pensé en elaborar un plan de crecimiento espiritual. ¿Y usted? ¿Tiene un plan para su crecimiento espiritual? Me he dado cuenta de que me concentro en aquello a lo que le presto atención. Tendemos a nutrir nuestro enfoque, lo que nos interesa. Seré el primero en admitir que ha habido muchas etapas en mi liderazgo en las que no di prioridad a mi propia vida espiritual, incluso cuando animaba a las personas de mis iglesias a hacer lo mismo. He descubierto que el liderazgo es primero, y ante todo, el liderazgo de uno mismo. Como líder, el discipulado comienza conmigo. La conexión de mi alma con Jesús es la primera base. Si no hago un plan para cuidar de mí mismo, no hay manera de que yo pueda ser bueno para nadie más, ni que guíe a otras personas hacia Jesús.

Tristemente, creo que hemos distorsionado y cambiado la idea de lo que es el discipulado en la iglesia. Hemos creado más programas y cosas para inscribirse, y los llamamos discipulado, en lugar de invitar, todo el día y todos los días, a nuestros prójimos a la plenitud de Jesús y a crecer en la vida abundante. Crecer como discípulos (mujeres y hombres) no se trata de encontrar más actividades que hacer en la iglesia; se trata de que mi propio ser sea como Cristo, que represente a Cristo. Creo que necesitamos menos actividades en la iglesia y más fieles que vivan vidas abundantes, y que vivan de forma natural y libre.

«¿Cómo está su alma?»

John Wesley, el fundador del metodismo, nos enseñó una pregunta que usamos como una herramienta para examinar constantemente nuestras prioridades, nuestro sentido de plenitud, y que nos lleva de vuelta a lo primero. Wesley nos hacía cuestionarnos a nosotros mismos y cuestionar a las demás personas con la pregunta; «¿Cómo está tu alma?». Amigos y amigas, nuestras iglesias tienen que ser lugares seguros donde podamos responder a esta pregunta. Tenemos que decir la verdad acerca de dónde estamos espiritualmente para que podamos animarnos y orientarnos mutuamente para regresar a Jesús.

He oído que la causa número uno del estrés es pasar la vida con valores incoherentes, con ausencia de autenticidad, con la carencia de vivir lo que es realmente importante. Si cree que seguir a Jesús es importante pero las ocupaciones de su vida no le permiten sacar tiempo para pasar tiempo con el Señor, esas actividades pueden empezar a sentirse forzadas y pesadas. ¡Y esa sensación es estresante!

Creo que Jesús se refería a ese sentimiento de frustración cuando describió la vida en abundancia. Cuando dijo, «*Busquen primeramente el reino de Dios*», ¡nos decía que tocáramos la primera base! Busquen primero a Dios, dijo, y todas las demás cosas les serán añadidas. Queremos saltar a la base sin buscar primero, ¿no? Queremos influencia y popularidad, certidumbre, posición, riqueza, etc. Pero tenemos que buscar a Dios primero para vivir realmente los ritmos no forzados de la vida espiritual.

Recordar el *por qué*

Si lee este libro, voy a suponer que es por que quiere crecer en el discipulado de Jesucristo. Tal vez usted es una persona que tiene la responsabilidad de ayudar a otras personas a crecer espiritualmente. Tal vez se reúne con un grupo pequeño de amigos y amigas que buscan crecer en el discipulado y en la comunidad. Quiero pedirle que piense en su llamado a seguir a Jesús, cuando aceptó a Cristo por primera vez. Piense en los sentimientos que experimentó, el fervor que sintió por Jesús, y la cercanía que sintió con el Señor. Confieso que cuando estoy tan ocupado con el trabajo de la iglesia, me olvido de la Gran Comisión: *Ir y hacer discípulos.* Tenemos que preguntarnos: «¿Cómo hacemos discípulos?» Y la razón no puede ser «porque quiero una congregación más grande» o más poder o influencia. La razón es, que estamos llamados a hacer discípulos y discípulas.

Recuerdo haber estado en una reunión con un grupo de líderes de la iglesia para hablar sobre los próximos pasos en sus ministerios. Mientras conversábamos de esos cambios futuros, abordé el tema de la visión de ayudar a la gente a crecer en su relación con Jesucristo. Una de las líderes compartió muy francamente, «Empecé con ese mismo deseo, pero ahora estoy muy alejada de este propósito. Lo único que me preocupaba en este momento es cómo conseguir más voluntarios. ¿Cómo puedo mantener este ministerio en marcha?» Su reflexión honesta no fue una queja sino un lamento. Había perdido el por qué y se encontraba envuelta en los negocios del ministerio. Las expectativas de su liderazgo crearon un cambio seductor de «ser» a «hacer». La invité a ella y al resto del grupo a dedicar un tiempo a reconectar con el por qué de su liderazgo. Cuando tenemos claridad sobre nuestro por qué, nos podemos enfocar más claramente en lo que hacemos. Reactive su pasión por Jesús y por el ministerio. ¿Sabe cuál es *su* por qué?

Descubrí mi por qué personal en mi adolescencia cuando llegué a la iglesia Metodista Unida Windsor Village en Houston, Texas. Fue la primera vez que la Palabra de Dios se hizo carne en mi vida. Me conecté profundamente con Dios y sentí claramente el llamado que Dios había puesto en mi vida. Esa experiencia me conectó no sólo con la iglesia, sino con el Dios vivo. Me dio un marco de referencia de cómo viviría mi vida y guiaría a otras personas por medio del poder de la comunidad cristiana. Ese mismo marco de referencia me llevó a plantar una iglesia nueva.

Por esta razón enseño a las iglesias la frase «El discipulado comienza conmigo». No puede enseñar lo que no sabe. No puede modelar lo que no practica. No puede dirigir a las demás personas a donde no está dispuesto a ir. Este concepto es muy importante para ser un líder (mujeres y hombres) con buenos fundamentos, con una espiritualidad plena y saludable. El liderazgo es ante todo el liderazgo de sí mismo. Lidérese bien porque la manera en que usted se guíe determinará la forma en que usted guiará a las demás personas; cómo se relaciona con las otras personas; y cómo se compromete con el mundo. Debido a que nos movemos en un mundo de relaciones y el liderazgo es cíclico, las personas lideran como han experimentado el liderazgo.

He compartido muchas veces con líderes que se preparan para una reunión importante. «Esta noche puede tener una reunión difícil. La gente ha trabajado todo el día, y puede haber algunas personas descontentas, ansiosas o temerosas de lo que sea que tratamos ahora. Salga y dedique un tiempo para cuidar de usted mismo. Vea una película o vaya al gimnasio. Escuche una canción que le inspire. Vaya a un lugar saludable para su mente. Alguien en la habitación necesita estar centrado».

Cuando me pongo irritable y me siento impaciente con la gente, sé que son señales de advertencia de que necesito tiempo a solas con Dios. Cuando me frustro fácilmente, entonces sé que me he desviado del camino. Sé que cuando intuitivamente noto que algo no marcha bien, mi respuesta no es *voy a dedicarme a otro asunto, o leer un libro.* Mi plan es: ir a estar con Dios. Volver a conectar con Dios y reiniciar. Entonces, tengo la capacidad de manejar lo que está frente a mí. La respuesta siempre será volver al centro, a Dios. Eso aumentará su capacidad de hacer lo que necesita hacer.

En el próximo capítulo, compartiré más con ustedes acerca de cuán desesperadamente he necesitado la plenitud en Jesucristo. Aprendí que la libertad y la autenticidad van juntas. Cuando decimos la verdad sobre las cargas que soportamos, es más fácil dejarlas y aprender a vivir libremente y livianamente. Solo tenemos que ver cómo lo hace Jesús.

Práctica de reinicio del alma

Dedique unos minutos a la práctica espiritual de escribir en un diario. Si no tiene un diario, utilice una libreta de notas, o inicie una nota en su ordenador o teléfono. Deje que su corazón guíe sus dedos mientras escribe o teclea. Escuche a Dios y escriba sus pensamientos sin temor a juicios o críticas. Sólo hable con Dios. Considere dónde está espiritualmente en este mismo momento. ¿Siente que tiene demasiadas cargas? ¿Siente una alegría profunda? ¿Está en la cima de una montaña o en un valle? ¿Qué necesita decirle a Dios? ¿Qué necesita oír de Dios? Lea Mateo 11:28-30 y reflexione sobre cómo su corazón y alma responden a estas palabras de Jesús. ¿Qué necesita dejar ir para vivir con ligereza y libertad?

Preguntas de reflexión

1. *Reflexione sobre la historia del béisbol acerca de la importancia de tocar la almohadilla en la primera base. ¿Cómo resuena en su alma la idea de la necesidad de volver a iniciar?*

2. *¿Cómo define la plenitud? ¿Cuándo ha sentido una sensación de plenitud? ¿Cuándo ha sentido menos plenitud?*
3. *¿Cómo está su alma en este momento? ¿Qué necesita de Dios? ¿Qué necesita de su comunidad?*

⏻ La práctica espiritual diaria de esta semana es **el *Examen***. Pase a la página 117 para descubrir las formas de practicar *el examen* todos los días de la próxima semana.

Cuando la depresión golpea

Mis lágrimas son mi pan
de día y de noche,
mientras me echan en cara a todas horas:
«¿Dónde está tu Dios?».

Salmo 42:3

«¿Por qué tienes que estar deprimido?» Estas palabras conmovedoras vinieron de un colega después de que yo compartiera lo que realmente me afectaba emocional, física y espiritualmente. En un momento raro de vulnerabilidad, cuando me preguntó, «¿Cómo estás?», me arriesgué y dije la verdad: «No me siento nada bien. Estoy preocupado por varios asuntos. Tengo miedo de que de hecho todo se desmorone. Me siento muy deprimido».

¿Por qué tienes que estar deprimido? Honestamente, me había hecho la misma pregunta muchas veces. ¿Por qué tenía que estar deprimido? Por las apariencias exteriores, mi vida iba bien. Mi

nuevo comienzo en la iglesia iba muy bien. Había dado cada gota de sudor y cada onza de energía, todo lo que tenía, para hacer mi trabajo lo mejor posible. Crecíamos y prosperábamos, un éxito extraordinario en todos los aspectos. Pero mi cuerpo y mi alma mostraban signos de desgaste. Recuerdo varias veces cuando conducía durante el día y llegaba a un semáforo, me ponía a llorar, preguntándome qué me pasaba. No tenía conciencia de lo rápido que me desmoronaba hasta un jueves por la mañana que nunca olvidaré.

El domingo anterior a este jueves en particular, había predicado, saludado a la gente antes y después de la iglesia, anotado algunos detalles de conversaciones que no quería perder de vista durante la semana siguiente, y tenía el tiempo de mi familia, aparentemente un domingo exitoso. Pero el lunes por la mañana, me encontré incapaz de levantarme de la cama; literalmente, no podía moverme de la cama. Aunque el lunes por la mañana era mi día normal de descanso, sabía que me sentía diferente, algo fuera de lo común. Me sentí de la misma manera el martes. Llamé a mi oficina para decir que no iría. No comí ni dormí. Sólo me acosté en la cama a llorar en la oscuridad, con las persianas cerradas. El martes y el miércoles pasaron sin que yo tuviera mejoría. El jueves, llamé a mi esposa al trabajo y le pedí que volviera a casa. Le dije que seguía en la cama, y que la necesitaba en casa. Ella vino a casa y me preguntó: «¿Qué pasa? ¿Qué te sucede?» Lloré incontrolablemente. No sabía lo que me pasaba; sólo sabía que había tocado fondo. Sabía que necesitaba ayuda inmediatamente. Ese mismo día, buscamos una psicóloga, a quien le dije que estaba en crisis y que necesitaba una cita. Ella escuchó mi sentido de urgencia y me dio una cita inmediatamente.

Cuando conocí a mi nueva (y primera) terapeuta, me alegró descubrir que su esposo era pastor. Cuando me presenté y empecé a contar mi historia, se identificó inmediatamente con mi experiencia y mi contexto. Sabía lo que significaba ser el centro de atención. Sabía cómo era mi vida con todas sus exigencias. Compartí que mi ritmo normal de vida y trabajo estaba completamente al revés, y que así ya no podía funcionar. Literalmente no podía seguir al ritmo y nivel de productividad que había llevado hasta ahora. Mi cuerpo físico ya no podía continuar. Mis emociones estaban descontroladas. Mi vida espiritual se secaba. Mi terapeuta, en su sabiduría, diagnosticó un colapso emocional. *Un colapso emocional.* Estaba clínicamente deprimido. El diagnóstico resonó de inmediato, pero cuando salí de su consultorio ese día, tuve que preguntarme, *¿cómo llegué a este estado?*

Al principio de mi ministerio, recuerdo que estaba en la capacitación para una iglesia nueva y escuchaba a un pastor compartir sobre cómo había llegado a un punto de agotamiento y depresión. No podía imaginar cómo alguien podría experimentar depresión en medio de todos los aspectos emocionantes de un nuevo ministerio. Recuerdo haberme dicho, ingenuamente, *que eso nunca me sucedería.* Sin embargo, no sabemos lo que no sabemos. Después de mi crisis, empecé a entender más sobre la depresión. Me di cuenta de que hay algunos tipos diferentes de depresión: episódica, donde algo desencadena un episodio depresivo; y un desequilibrio químico, con el que cada día es una lucha por sentir alegría. Aprender sobre la depresión con mi terapeuta se convirtió en un momento revelación para mí: Descubrí que esta no era la primera vez que experimentaba una depresión en mi vida, pero era la primera vez que la reconocía y la llamaba por su nombre.

La primera vez que experimenté depresión fue en la adolescencia en la escuela secundaria. Fui parte de un grupo de estudiantes que fueron llevados en autobús a una escuela predominantemente blanca en Houston, Texas. El programa se llamaba «transferencia de minoría a mayoría». Estaba emocionado por la oportunidad de una nueva experiencia académica y de ir a una escuela nueva. Pero no todos mis nuevos compañeros y profesores estaban muy contentos con nuestra presencia allí. Era un ambiente hostil, por decir lo menos. Fue la primera vez que recuerdo haber experimentado un racismo abierto, y me afectó de una manera muy profunda.

El primer semestre de mi octavo grado pasó en blanco para mí. Pasé todos los días después de la escuela durmiendo en mi habitación. No quería comer, ni salir a jugar, ni ver la televisión, ni relacionarme con los demás compañeros de clase. Sólo quería dormir. Casi repruebo todas las clases. Mi madre sabía que algo andaba mal en mí más allá de la falta de motivación normal en la adolescencia. En ese momento, ella se convirtió en una defensora de mi bienestar académico y emocional. Exigió que me sacaran de esa escuela, y me volvieron a inscribir en la escuela a la que había sido asignado originalmente. Poco a poco mi estado emocional mejoró, y comencé a florecer en un ambiente nuevo.

Ahora que sé lo que es la depresión, es fácil mirar atrás y ver que la depresión ha estado conmigo durante mucho tiempo.

Un punto de retorno

Mientras exploraba mi condición con mi terapeuta nueva, me di cuenta de que mi crisis emocional significaba que necesitaba un reinicio. Necesitaría sesiones regulares de terapia, una renovación de mi rutina de trabajo, un examen completo del estado de mi alma ... y medicamento. Nunca olvidaré el lenguaje que mi consejera usó mientras me recetaba el medicamento, me dijo que «me quitaría el peso de los hombros», para que pudiera hacer el trabajo interno que necesitaba hacer. No iba a ser inmediato, y no había una solución rápida. No era una cura o una píldora mágica, pero me daría el espacio para trabajar en *mí* y levantar el peso sobre mis hombros el tiempo suficiente para que yo pudiera hacer el trabajo que necesitaba hacer para estar saludable y restablecido. Nunca antes había recibido terapia, pero esta imagen de cargar un gran peso resonaba profundamente en mí. Había leído las Escrituras donde Jesús dice que su carga es ligera, pero la carga que yo llevaba era cualquier cosa menos ligera. Mi terapista y yo comenzamos a hablar de crear algún tipo de equilibrio en mi vida laboral. No sabía lo que significaba eso. Mi vida entera era el ministerio, y era todo lo que sabía. Llegó el momento de examinar cómo vivía mi vida.

Ahora, quiero asegurarme de decir algo sobre la medicación. Tenemos que trabajar un poco para eliminar el estigma sobre los medicamentos para la salud emocional y mental. A veces, para salir de la oscuridad, necesitamos ayuda, necesitamos quitarnos el peso de los hombros para poder empezar la escalada. Necesitaba un tipo de ayuda que fuera más allá de «orar más arduamente» u «orar más tiempo». En la iglesia, a veces tendemos a súper-espiritualizar las cosas hasta el punto de crear un tabú en torno a la enfermedad mental. Esta actitud no les permite a muchas personas expresar públicamente su estado emocional debido al estigma asociado con la depresión y los antidepresivos. No me malinterpreten, creo firmemente en el poder de la oración. Creo absolutamente en orar cuando una persona tiene una enfermedad, pero hay veces en que la enfermedad requiere de medicamentos. Creo que Dios cura a través de los médicos, la medicina y las cirugías, pero que la sanidad viene de Dios.

Nos confundimos cuando pensamos que no podemos tomar un medicamento porque significaría que no confiamos lo suficiente en Dios. Creo en una salvación integral. Lo que quiero decir con esto es que Dios sana a través de varios medios. Dios no sólo nos salva para el cielo en el futuro. Dios salva nuestros corazones, almas y cuerpos aquí y ahora. Dios tiene cuidado por todo nuestro ser, tal como somos. Encuentro muy liberador alabar a Dios por una píldora que me quitará el peso de los hombros para que Dios pueda hacer la obra que necesita hacer en mi alma.

A medida que empecé a transitar a través de mi depresión, me vi obligado actuar de manera diferente. Sostuve conversaciones difíciles con líderes de mi iglesia, les compartí dónde estaba emocional y espiritualmente. Admití que pasaba por una lucha. Mostré mi vulnerabilidad y dije: «Me he topado con un muro que afecta mi capacidad de liderar eficazmente». Podrían haberse decepcionado de mí o desanimado por las debilidades de su líder, pero en cambio, el liderazgo de mi iglesia expresó: «No te preocupes, estamos contigo». Ese fue uno de los primeros momentos de vulnerabilidad en mi ministerio cuando reconocí mi estado emocional y espiritual y nunca olvidaré la gracia que encontré en ese momento.

> Mis lágrimas son mi pan
>   de día y de noche,
> mientras me echan en cara a todas horas:
>   «¿Dónde está tu Dios?».
> Recuerdo esto
>   y me deshago en llanto:
> yo solía ir con la multitud,
>   y la conducía a la casa de Dios.
> Entre voces de alegría y acciones de gracias
>   hacíamos gran celebración.
>
> ¿Por qué voy a inquietarme?
>   ¿Por qué me voy a angustiar?
> En Dios pondré mi esperanza
>   y todavía lo alabaré.
>   ¡Él es mi Salvador y mi Dios!
>
> Me siento sumamente angustiado;
>   por eso, mi Dios, pienso en ti
> desde la tierra del Jordán,
>   desde las alturas del Hermón,

desde el monte Mizar.
Un abismo llama a otro abismo
en el rugir de tus cascadas;
todas tus ondas y tus olas
se han precipitado sobre mí.

Esta es la oración al Dios de mi vida:
que de día el *Señor* mande su amor,
y de noche su canto me acompañe.

Y le digo a Dios, a mi Roca:
«¿Por qué me has olvidado?
¿Por qué debo andar de luto
y oprimido por el enemigo?».
Mortal agonía me penetra hasta los huesos
ante la burla de mis adversarios,
mientras me echan en cara a todas horas:
«¿Dónde está tu Dios?».

¿Por qué voy a inquietarme?
¿Por qué me voy a angustiar?
En Dios pondré mi esperanza,
y todavía lo alabaré.
¡Él es mi Salvador y mi Dios!
(Salmo 42:3-11)

¿Dónde está Dios?

En la profundidad de mi depresión, descubrí el Salmo 42 en el cual encontré un espíritu afín en David: descubrí que David pasó por un período de depresión. El Salmo 42 resuena muy profundamente en mí porque realmente creo que David experimentó depresión. Aquella temporada en la que me acostaba en la cama preguntándome día tras día qué me pasaba, podría haber escrito la reflexión de David, «*Mis lágrimas son mi pan de día y de noche*». Tanto los enemigos como los amigos se burlaban: «¿Dónde está tu Dios?» «¿Por qué estás deprimido?» Me han hecho esas preguntas e incluso me las he hecho a mí mismo.

Me veo en David: Escribe desde una depresión profunda. David no sabe cómo manejar por lo que está pasando. Es básicamente un desastre y está obsesionado con lo que ha salido mal; la gente se burla de él, está desesperado y deprimido. Lo veo mirar horizontalmente a todo lo que se desmoronaba a su alrededor en vez de mirar verticalmente a Dios para que le diera fuerza, gracia sostenida, y un nuevo comienzo. ¿Cuántas veces hemos sentido que no hay salida y nos enfocamos en lo que nos exaspera de la gente o en todo lo que está mal en lugar de mirar a Dios para recibir fortaleza?

David llega a su máximo punto de desesperación cuando ya no tiene más lágrimas que llorar, y es entonces cuando recuerda cómo solía ir con júbilo a la casa de Dios. Recuerda lo que se siente al haber caminado cerca de Dios, danzar de alegría por la grandeza de Dios. Recuerda cómo la adoración lo lleva de vuelta a la bondad de Dios una y otra vez. Recuerda la adoración, la verdadera adoración, llena de alegría y celebración porque ha conocido el rescate y la restauración que provienen de Dios.

El alma de David anhelaba a Dios, así como nuestras almas. No importa lo que pase a nuestro alrededor, en el fondo, nuestras almas anhelan tener a Dios. Dios desea relacionarlos con el Creador. Anhelamos sentir a Dios en movimiento en nuestras vidas. Anhelamos experimentar la alegría y la paz que sólo vienen de Dios, y de una relación con Jesús. Confiamos en que sentiremos la presencia de Dios, en quien tenemos la certeza que nos cubrirá con su amor.

Lo que David describe en el Salmo 42 es lo que yo llamo «deshidratación espiritual». Su alma está deshidratada. Esta situación nos ocurre cuando descuidamos las prácticas espirituales fundamentales en nuestras vidas: Nos deshidratamos porque perdemos el acceso a nuestra fuente de agua, el Agua Viva. Podemos llegar a un punto donde sólo pasamos automáticamente por una vida con Dios, donde la adoración pierde su sentido profundo y se convierte en un evento, un compromiso una vez a la semana. Pero sumergir los pies en la corriente de agua no satisfará nuestra sed de Dios. Tenemos que beber profundamente del pozo de la vida.

Parte de romper las cadenas de la depresión es reconectarse con Dios, con la fuente de Agua Viva. Recordamos lo que sabemos que es verdad sobre el Dios que nos ama tanto:

Mis lágrimas son mi pan
de día y de noche,
mientras me echan en cara a todas horas:
«¿Dónde está tu Dios?» (Salmo 42:3).

Esas voces de duda y discordia tienen más poder en nuestras vidas cuando perdemos la conexión con Dios. Empiezan a tener más poder y más influencia si les damos más crédito del que deberíamos porque no estamos en sintonía con Dios. Las circunstancias hablan más fuerte y el conflicto tiene más poder cuando perdemos el vínculo con Dios. Cuando tratamos con problemas familiares, financieros, de salud, esas voces empiezan a entrar en escena, y antes de que nos demos cuenta, pueden llevarnos a la depresión. Tenemos que recordar que la adoración no es simplemente una devoción que hacemos una vez, sino un estilo de vida. Adorar a Dios no se trata de un lugar sino de una persona. No se trata de un sitio geográfico; se trata de la intimidad.

Recuerdo esto... David recuerda, recuerda su primer amor; y nosotros podemos recordar... recordar lo que sabemos de Dios. Es lo que tuve que hacer en mi depresión. Recordé los momentos de adoración a Dios. Recordé lo que se sentía al estar en la presencia de Dios. Recordé la paz que sobrepasa todo entendimiento. Recordé esos momentos de acción de gracias. Me acordé. Y a medida que David recuerda, entonces es capaz de preguntarse a sí mismo, *¿Por qué estoy deprimido?* Empieza a animarse a sí mismo. *Sirvo a un Dios que libera, que sana, que trae paz, que trae claridad, que trae la comprensión, que trae la plenitud.* David comienza a animarse a sí mismo a través de los recuerdos.

Eso es lo que yo también hice. Tenía que recordar mi centro. Tenía que recordar mi centro espiritual y mi llamado a amar a Dios y a mi prójimo. También tenía que recordar el llamado a amarme a mí mismo. Recordar me hizo regresar y me ayudó a reiniciar mi vida. Tuve que volver a lo básico, para mí, no para otras personas, al recordar que nadie en mi vida necesita a Dios más que yo.

Todavía lo alabaré

Lo que más me gusta de este salmo de David, el Salmo 42, es su *«todavía lo alabaré»*. David pasa de la desesperación a la alabanza, como si dijera: «Incluso aquí, en el pozo de la depresión y la desolación, aún así alabaré al Dios bueno y fiel, sin importar lo que enfrente». He aprendido a tener una mentalidad de *«todavía lo alabaré»* cuando siento que la depresión llega. No importa lo que esté experimentando en mi vida, digo, *«todavía lo alabaré»* ¿Cómo se llega a un punto de «todavía lo alabaré» en su vida? Se llega a ese grado al recordar, animarse, hablar del dolor y la presión del pasado, al recordar que Dios ha sido fiel y bueno, y que Dios lo será de nuevo. Usted funciona en la expectativa con un nuevo sentido de esperanza. E incluso mientras lloraba día y noche, tenía una mentalidad de *«todavía lo alabaré»* por lo que esperaba que Dios hiciera en mi vida. Con cualquier fuerza que tuviera en mí, decidí que iba a alabar a Dios.

Amigos, la voz más fuerte en su vida tiene que ser la voz de Dios. Cuando otras voces tienen más poder, ese es el camino para ser un pueblo propicio para deprimirse y abrumarse, para llevar sus propias cargas pesadas. David llega a su *«todavía lo alabaré»* y lucha contra la depresión. Él lucha con la adoración. Se defiende con la alabanza. Se defiende volviendo al centro. Al recordar quién es Dios y quién es él, David, se levanta con una perspectiva nueva.

Para mí, una perspectiva nueva comenzó con mi propio peregrinaje hacia la plenitud espiritual. Comenzó con cómo me veía a mí mismo y la importancia de mi viaje espiritual. Eso me llevaría a una nueva perspectiva en el ministerio, pero no empecé con el ministerio. Comencé conmigo y con mi propia salud espiritual. Declaré que tal vez no pueda alabar a Dios con *lo que sucede* ahora, pero alabaré a Dios por *lo que vendrá, «todavía lo alabaré»*.

Estar en la presencia de Dios nos eleva espiritual y emocionalmente, pero estar en la presencia de Dios no sólo sucede en la iglesia. Cuando nos sintamos abrumados/as por la presión financiera, es hora de adorar. Cuando sintamos que hemos fracasado por que se rompe una relación amorosa, es hora de adorar. Cuando la vida le aplasta, es hora de adorar. Cuando nos rodea un conjunto de circunstancias que amenazan la fe, es hora de adorar. La adoración es un estilo de vida que nos recuerda nuestra capacidad de que *«todavía lo alabaré»* en medio de las dificultades.

Momento de reiniciar

En el momento de mi depresión, mi vida estaba tan desequilibrada que descuidé las prácticas espirituales. No tenía una rutina regular de encuentro con Dios, simplemente para estar en la presencia de Dios. Por supuesto, buscaba la Palabra regularmente para preparar mis sermones o para enseñar, pero rara vez leía las Escrituras con el único objetivo de escuchar a Dios, para tener una Palabra sólo para mí. Si iba a experimentar una etapa nueva en mi vida, una temporada refrescante y caminar por las aguas tranquilas y silenciosas, entonces tenía que organizar mi vida de una manera diferente. Debía poner mucha atención a mi propia caminata con Dios.

Tendría que descubrir un sentido nuevo del equilibrio con un plan de crecimiento y desarrollo espiritual personal. Necesitaba estar en contacto con la Palabra no sólo para tener contenido para los sermones sino para dedicar tiempo a la palabra de Dios para *mí*, no para nadie más. Necesitaba trabajar no sólo para planificar la adoración; necesitaba escuchar las experiencias de adoración de pastoras y pastores de otras iglesias para poder centrarme y comenzar a liderar desde una actitud de abundancia y no de sequía. Descubrí que necesitaba hacer ejercicio físico y alimentarme adecuadamente, que el cuidado de mi cuerpo tenía mucho que ver con mi salud mental y espiritual. Y, sobre todo, descubrí que la forma en que lidero influye directamente en la salud de las personas que dirijo. La gente lidera cómo experimenta ser liderada. Así que ahora estoy en un viaje para dirigir bien a mi equipo, para ser el primero en admitir mis batallas, para predicar un peregrinaje de práctica espiritual, y para mostrar a un Dios que redime y restaura.

Es difícil ser vulnerable sin temor a que nos juzguen. La gente proyecta lo que es tener éxito o no, y aísla a las personas. No compartimos con nuestro prójimo lo que realmente sucede en nuestras vidas por temor a que nos juzguen o a que no nos comprendan. Empezamos a creer que la crítica es igual al fracaso y a la inutilidad. No dejamos que quienes nos lideran admitan tener debilidades en sus vidas. Las personas en posiciones de liderazgo se confunden y piensan que deben sentir el amor y la aceptación por todas las personas para sentirse realizadas. Olvidamos que no importa cuán exitosas sean las personas o cuán efectivas sean en el liderazgo, todas las personas somos seres humanos que experimentamos rupturas, dudas, momentos de desánimo. Somos seres humanos que necesitamos palabras de afirmación y confianza.

Práctica de reinicio del alma

Quiero invitarle a hacer una evaluación de su vida espiritual en este momento. ¿Siente la conexión con la fuente de Agua Viva? ¿Vive y lidera desde una actitud de abundancia o sequía? ¿Su alma se siente deshidratada? ¿Las lágrimas han sido su alimento tanto de día como de noche? ¿Se pregunta dónde está Dios? Quiero que sepa que he estado en ese desierto y he tropezado con él. Ahora estoy del otro lado y he descubierto que la clave para una alegría profunda y duradera, sin importar las situaciones por las que atraviesa ahora o lo que le rodee, es beber profundamente del pozo de Agua Viva. La clave es la conexión con Dios que sostiene, sana, redime y restaura. La clave es un ritmo regular de práctica espiritual, tiempo deliberado y enfocado en Dios para hacer preguntas, escuchar, amar a Dios y sentir el amor de Dios. La clave es escuchar a su cuerpo mientras le dice lo que necesita de usted en cuanto a nutrición y estado físico. La clave es escuchar al Espíritu, que le dice que vaya más despacio y que deje sus cargas pesadas.

Una vida con Dios no está destinada a ser una carga. De hecho, es lo contrario. Jesús nos invita a una vida con Dios que es ligera con una carga fácil. Si siente que su vida pesa y le agobia, deje ese peso y reinicie su ritmo espiritual. Dedique tiempo a orar, dejar sus cargas y escuchar a Dios quien expresa el amor profundo que siente por usted. Cuando nos dirigimos hacia la gracia y la misericordia de Dios para iniciar una nueva etapa, nos acercamos a aquél que nos mostrará el camino.

Preguntas de reflexión

1. *Lea el Salmo 42. ¿Dónde ve ejemplos de David en un período de depresión? ¿Qué nos enseña el lamento de David sobre la tristeza, la depresión y la honestidad con Dios?*
2. *¿Está de acuerdo en que hay un estigma en torno a la enfermedad mental y los medicamentos para enfermedades mentales? ¿Por qué? Si está de acuerdo, ¿qué podemos hacer para deshacernos de ese estigma?*
3. *¿Cuándo ha necesitado traer a su mente «todavía lo alabaré» a Dios en medio de los momentos difíciles?*
4. *¿Cómo la adoración eleva nuestros corazones?*
5. *¿Cuáles son algunas prácticas espirituales que pueden nutrir almas, cuerpos y mentes? ¿Cuál de ellas le habla más directamente a usted, y por qué?*

⏻ La práctica espiritual diaria de esta semana es ***la Oración.*** Pase a la página 120 para ver las formas de practicar *la oración* todos los días de la semana que viene.

3

No todo depende de mí

> *«—Marta, Marta —le contestó Jesús—, estás inquieta y preocupada por muchas cosas, pero solo una es necesaria. María ha escogido la mejor, y nadie se la quitará».*
>
> —Lucas 10:41-42

Cuando tuve el sueño de plantar una iglesia, imaginé formas creativas e innovadoras de llegar a las personas y conectarlas con Jesús. Mi meta era, guiar a la gente hacia Jesús. Pero mi denominación necesitaba una nueva iglesia, lo que significaba que habría sistemas y estructuras que establecer, planes y objetivos que tendría que hacer, y puntos de referencia que cumplir. Había una inversión monetaria de parte de la denominación, así que necesitaba producir resultados para mantenerla en marcha. Aprendí rápidamente que equilibrar las demandas institucionales y el deseo puro de querer que la gente se encontrara con Jesús sería una tarea difícil. Cuanto más caminaba por la línea entre esos dos objetivos, más estresado y abrumado me sentía. Quería profundamente estar con Jesús y dirigir a la gente hacia él, pero también tenía que producir un resultado; había muchas tareas por hacer.

Al reflexionar sobre esos primeros días, me doy cuenta de que nunca se me ocurrió que podría fallar. Al principio, no estaba estresado ni abrumado. No tenía miedo al fracaso, y ni siquiera consideré que nuestro pequeño esfuerzo ministerial no saliera adelante. Una vez que empecé a ponerme en contacto con la gente, los grupos se empezaron a formar, y mi equipo se puso en marcha. Teníamos una fecha de lanzamiento y un lugar para adorar. Tuvimos algunas dificultades, pero aún no estábamos tensionados. Mi estrés llegó cuando empezamos a tener éxito. Entonces se convirtió en, ¡Wau*! ¿Cómo voy a mantener esto en marcha?*

Conozco a muchos/as líderes que luchan con este tipo de estrés. Me reuní a comer con alguien que ha tenido mucho éxito en liderar el cambio en las organizaciones. La llamaré Emily. Emily es una empresaria que comenzó y construyó una empresa multimillonaria en su industria. Es una persona de confianza a la que recurro en busca de ayuda y perspectiva cuando tomo decisiones importantes sobre liderazgo y cambio. Tuvimos una conversación casual sobre el proyecto de este libro que me llevó a contar la historia de mi peregrinaje en el ministerio. Hablé sobre el estrés y la depresión. También hablé de la presión del liderazgo del ministerio, y todas las noches sin dormir que acompañan al intento de mantener el proyecto en marcha. Ella me escuchó atentamente.

Lo que pasó después me sorprendió. Emily no me ofreció ningún consejo sabio. No expresó sorpresa o juicio sobre mis experiencias. En cambio, se detuvo y comenzó a compartir su propia historia conmigo. Me sorprendió lo inquietantemente similares que fueron nuestras experiencias en el liderazgo. Rápidamente recordé que el camino emocional del liderazgo de otras personas puede influenciar a la gente sin importar su profesión. Mi conversación con Emily alimentó mi pasión por completar este libro. Me enseñó que muchas personas nos enfrentamos a la realidad y al estrés de tratar de enfocarnos en objetivos constructivos, incluso en una aventura exitosa.

En momentos de extrema tensión y ansiedad en los primeros días de mi ministerio, mi tendencia era ir rápidamente al modo de resolución de problemas. Usualmente le preguntaba a mi personal, «¿Qué más necesito hacer?». No sólo elevaba mi nivel de ansiedad y de estrés, sino que también elevaba el nivel de estrés de las personas que trabajaban conmigo. Estresé a todo el personal hasta el punto en que alguien me dijo, «Junius, hacemos lo correcto. No necesitamos hacer más de nada, sólo necesitamos seguir con las cosas correctas: compromiso con la comunidad, buen culto, grupos pequeños con ideas profundas». Nos centrábamos en estos propósitos, pero aún así sentía una tremenda presión cuando alguien preguntaba cuánta gente asistía a nuestros servicios de adoración. Hasta el día de hoy, nunca comienzo una conversación con ningún pastor o pastora relacionada con la cantidad de gente que asiste al culto. Aprendí a no hacer preguntas institucionales sino espirituales. «¿Cómo está su alma?» «¿Cómo se cuida» «¿Cuál es el *por qué* de todos sus esfuerzos?» «¿ Mantiene la conexión con Jesús»?

Hacer lo correcto

Siempre se presentarán tensiones nuevas en cualquier aventura en la que nos encontremos, pero tenemos que preguntarnos: *¿Cuáles son las acciones correctas que hay que hacer?* Siempre se puede añadir más, pero si nos centramos en *lo correcto*, seremos mucho más saludables en nuestro intento de reiniciar.

Pensé que nos centrábamos en las acciones correctas en la iglesia. Pero no estaba enfocado en las actitudes y acciones correctas de mi propia vida. Mi horario se convirtió en un monstruo. El tiempo que invertía en mi familia comenzó a reducirse. La iglesia se convirtió en un lugar absorbente. Aunque la iglesia estaba enfocada en en hacer lo correcto, yo no lo estaba. En lugar de prestar atención a lo que le pasaba a mi espíritu, yo añadía mas ocupaciones y responsabilidades. Cada vez que había un vacío en el liderazgo, yo lo llenaba con más que hacer: tenía demasiado en mi plato. Mis ocupaciones crecieron tanto que llegué al punto de estar completamente abrumado. En los primeros días de mi ministerio, nunca hubiera pensado que tres años después me desmayaría oficiando un funeral. Nunca hubiera anticipado una muestra tan dramática de agotamiento.

La membresía en mi iglesia de California seguía creciendo. Mi trabajo con las nuevas personas que asistían era señalarles el camino a Jesús. Pero pronto, empecé a asumir la carga de las situaciones por las que pasaban en sus vidas. Tomaba como algo personal si alguien tenía dudas sobre la existencia de Dios o si no venía a los cultos de la iglesia por un tiempo. Me sentía responsable de su peregrinaje continuo con Dios, como si lo que les enseñara no fuera lo suficientemente convincente o como si no hubiera creado suficientes puntos de conexión para que se mantuvieran en nuestra comunidad de fe. Por supuesto, ahora sé que mi responsabilidad nunca fue salvar a nadie, sólo debía dar la orientación para llegar a Cristo y ofrecer oportunidades para ayudar a crecer. Mi trabajo no era ni *hacer* crecer a cada feligrés en su vida espiritual, ni hacer crecer a la iglesia al aumentar la asistencia del número de fieles. Mi trabajo era señalar para ir hacia Jesús. Pero empecé a sentir que toda la iglesia dependía de *mí*. Me convertí en su salvador. No dejé que la gente fracasara porque no quería que la iglesia fracasara. Si usted es un pastor o una pastora que lee este libro, tal vez va a ver reflejada su experiencia en estas mismas situaciones. O si quien lee este libro es parte de la feligresía de una iglesia, tal vez ha observado a su pastora o su pastor tomar el peso del mundo entero para responder a todas las situaciones y necesidades hasta abrumarse. Si quien lee este libro tiene su propio negocio o lidera su propia compañía podrá relacionarse con el sentido de responsabilidad para que su empresa triunfe y no fracase.

De mi tendencia a arreglar, rescatar y solucionar problemas, aprendí lo siguiente: Básicamente había cortado la capacidad de aprender de las fallas de las personas que estaban conmigo. En la comunidad de la iglesia, cuando nos equivocamos, aprendemos de nuestros errores y, con este nuevo conocimiento, seguimos adelante Pero no podía dejar que los fracasos ocurrieran, así que asumí cargas que no me pertenecían. En el fondo, no podía permitirme confiar plenamente en la capacidad de mis líderes, aunque fueran personas con una gran preparación y experiencia. Pero una y otra vez estos líderes, mujeres y hombres, de mi iglesia, me mostraron que no sólo podía confiar en sus habilidades y talentos, sino que también debía celebrar su gran liderazgo.

Desde el inicio de nuestra iglesia nueva, yo había predicado todos los domingos. Pero en el segundo verano de la vida de esta iglesia, cuando tuvimos que encontrar un lugar temporal para predicar debido a la renovación del gimnasio de la escuela donde adorábamos, finalmente decidí tomar un domingo libre. Naturalmente, una oportunidad para un gran liderazgo se presentaría el día que me tomara vacaciones. Llamé a nuestro facilitador para preguntarle cómo había ido el servicio de la iglesia esa mañana en el lugar temporal. Me dijo que la persona que se suponía que les dejaría entrar a este lugar nunca apareció. Por supuesto, me asusté inmediatamente, pero me interrumpió para decir: «Todo salió bien, tuvimos culto en el estacionamiento».

Si hubiera estado allí, les hubiera robado esa oportunidad maravillosa de liderazgo. Habría entrado en pánico y habría tomado el teléfono para tratar de solucionar la situación por mi mismo. Pero el equipo sabía que lo correcto era llevar a cabo la adoración, justo ahí en el estacionamiento. Así que esa situación inesperada me dejó con una enseñanza nueva: que tengo que considerar lo que me corresponde, lo que les corresponde a las otras personas y lo que le corresponde a Dios. No puedo llevar cargas que no me pertenecen. Debemos tener oportunidades de fracasar para poder crecer. No necesito ser el salvador. ¡Mi equipo organizó un culto en el estacionamiento! ¿De qué me preocupaba? No necesitaban que yo fuera su salvador.

Por supuesto, este tipo de desafío es el que enfrentamos diariamente como creyentes. Nuestra fe nos enseña a cuidar de las otras personas. Pero el cuidado puede ser un concepto ilimitado. Es posible cuidar hasta el punto de que nos volvemos más dañinos que útiles. Comenzamos a asumir el papel de «Dios» en la vida de alguien. Considero que, si tenemos una conexión fuerte y estable con Jesús, como nuestro Salvador, y practicamos disciplinas espirituales diariamente, crece nuestra capacidad de discernir dónde termina nuestra responsabilidad por las demás personas y dónde comienza la de ellas. El enfoque en hacer lo correcto en nuestros asuntos personales nos libera para tener una vida alegre y abundante. Personalmente he podido ver a muchas personas que se dirigieron al camino del agotamiento y la depresión al no tener la capacidad de concentrarse en hacer lo correcto.

El estrés y los negocios

Mi trabajo se convirtió en estrés, lo que produjo en mí una sensación de estar completamente abrumado. Ni siquiera sabía cuán estresado estaba, enfocado en hacer las cosas que creía que tenía que hacer para ser un pastor exitoso y un líder efectivo. Mi agenda estaba tan atestada de actividades que no me permitía ni un momento para dedicarle tiempo sólo a Dios. Intentaba responder a mis propias demandas y a las que otras personas me hacían. El resultado fue una vida llena de estrés y preocupaciones. Es importante preguntarnos si desarrollamos nuestro trabajo desde el estrés y el caos en lugar de funcionar desde la sumisión y la paz. Ciertamente, hay cosas que hacer, tareas que cumplir. Sin embargo, consideremos, como pastoras, pastores e iglesia, cómo podríamos liderar el camino para vivir con libertad y plenitud el discipulado de Jesús en el mundo. Como iglesia, ¿cómo podríamos guiar a las personas a Jesús? Nuestra responsabilidad es enseñar, con nuestro ejemplo, a estar en la presencia y compañía de Dios, durante el día, todos los días, dentro y fuera de las rutinas diarias. Veamos la historia de la visita de Jesús a la casa de María y Marta, para considerar cómo podríamos tener los ojos abiertos para observar qué es lo más importante y lo correcto.

> *Mientras iba de camino con sus discípulos, Jesús entró en una aldea, y una mujer llamada Marta lo recibió en su casa. Tenía ella una hermana llamada María que, sentada a los pies del Señor, escuchaba lo que él decía. Marta, por su parte, se sentía abrumada porque tenía mucho que hacer. Así que se acercó a él y le dijo: —Señor, ¿no te importa que mi hermana me haya dejado sirviendo sola? ¡Dile que me ayude!*
>
> *—Marta, Marta —le contestó Jesús—, estás inquieta y preocupada por muchas cosas, pero solo una es necesaria. María ha escogido la mejor, y nadie se la quitará.* (Lucas 10:38-42)

María y Marta representan lo que significa ocuparse en hacer lo correcto al recibir a Jesús y sus discípulos en su casa. María sabía que el lugar correcto en ese momento era sentarse al lado de Jesús y aprovechar todo el tiempo que pudiera de su visita. Su prioridad era la cercanía con Jesús. Marta expresaba su amor por Jesús *en las labores domésticas.* No podía dejar pasar todo lo que tenía que hacer antes de poder relajarse y disfrutar la compañía de Jesús. Marta estaba ocupada con las labores de la hospitalidad. ¿Quién no quiere asegurarse de que todo esté bien para sus invitados? La importancia del pasaje bíblico radica en que esta historia sucede también en nuestras vidas. Con tantas ocupaciones y compromisos para llevar a cabo con éxito el trabajo del evangelio, a menudo no nos detenemos lo suficiente como para simplemente disfrutar la presencia de Jesús.

El estrés de la situación abrumó a Marta. Ella tiene mala reputación de estar siempre ocupada, pero me identifico con ella; tenía labores que cumplir. Cosas importantes, como ver que sus invitados tuvieran algo que comer. Pero el texto dice, «*Marta, por su parte, se sentía abrumada porque tenía mucho que hacer*». Cuando las muchas actividades nos atrapan en un círculo vicioso, perdemos el enfoque de lo verdaderamente importante. Vale la pena que meditemos en este concepto porque las distracciones causadas por el estrés a menudo nos hacen desperdiciar las oportunidades que Dios nos da para profundizar nuestra relación con Jesús. Cuando se distorsiona nuestra perspectiva, nos arrepentimos de lo que a veces decimos: «*¿No te importa que mi hermana me haya dejado sirviendo sola? ¡Dile que me ayude!*». Siempre tendremos labores por hacer, tareas que revisar, ministerios que dirigir, pero a veces tenemos que pulsar el botón de pausa para dejar tantas ocupaciones y simplemente sentarnos con Jesús.

María usó ese momento para sentarse a los pies de Jesús. María no está excusada de hacer el trabajo del ministerio, pero nos recuerda que nuestra actividad tiene más enfoque cuando es constantemente alimentada por Jesús. Nos recuerda que nuestro compromiso de servir debe centrarse siempre en Jesús. Este pasaje del evangelio nos invita a considerar una vida equilibrada. Una vida de servicio voluntario, pero también una vida que no descuide la importancia de estar en la presencia de Dios. No podemos estar en la presencia de Dios y sentir preocupación y estrés todo el tiempo. Tenemos que alimentar nuestro enfoque. Nuestra relación con Jesús es nuestro enfoque. Crecer en nuestro entendimiento de quién y de quiénes somos en Cristo Jesús es nuestro enfoque.

Ligera y libremente

Recuerden que el camino de Jesús es vivir ligera y libremente. La carga no debe ser ni pesada ni demasiado molesta. Cuando la presencia misma de Jesús es nuestra primera prioridad, podemos levantar la vista de la lista larga de tareas a realizar y en su lugar enfocarnos en su mayor propósito. El trabajo no es el camino de Jesús. Claro, Jesús siempre estaba en movimiento, pero siempre se detenía para estar presente con alguien que lo llamaba. Vio a la gente que nadie más vio. Escuchó gritos de gente que otros habían dejado de escuchar. Sabía cómo estar presente con la gente, incluso en medio de la actividad y, a veces, del caos. Jesús nos dio ejemplo de alejarse de la multitud para pasar tiempo a solas con Dios.

No sé ustedes, pero yo he sido culpable de estar demasiado atrapado en el trabajo de la iglesia y he olvidado estar presente con Jesús. He visto todo lo que había que hacer y sabía que «alguien tiene que hacer el trabajo», así que descuidé pasar tiempo con Jesús para hacerlo. El trabajo de la comunidad de fe no está destinado a ser una carga pesada. Si el trabajo de la iglesia se siente como una obligación y produce agotamiento, entonces les quiero decir que nuestra labor no la estamos haciendo bien.

A veces este problema comienza con el liderazgo de los pastores y las pastoras cuando se convierten en las únicas personas que cuidan a la comunidad. Asumen toda la carga al llevar a cabo cuidados pastorales, bodas, funerales, visitas a los enfermos. Yo asumí toda la responsabilidad. Sin embargo, lo más saludable que podemos hacer es enseñar a nuestra gente a cuidarse unos a otros. No tengo que dar consejos a largo plazo; ¡ni siquiera tengo las credenciales para hacerlo! Así que ahora remito a consejeros profesionales, cuando miembros de mi iglesia necesitan ayuda psicológica. Ejercer el pastorado no significa convertirse en la única persona que pueda visitar a quienes están en un hospital, dar asesoría psicológica, enseñar la Biblia, dirigir una reunión, o incluso predicar. Mi trabajo (aunque me llevó mucho tiempo darme cuenta) es equipar y capacitar a todas las personas de mi iglesia para que se cuiden mutuamente. Mi trabajo es motivar a las personas en posiciones de liderazgo que puedan compartir las responsabilidades de ser líder. Mi trabajo es indicar cómo llegar a Jesús. Mi trabajo es permanecer cerca de Jesús y liderar desde ese lugar.

Adoración

Como pastor, solía adorar sólo como líder institucional. Cuando me convertí en el Secretario General de los Ministerios de

Discipulado (General Secretary of Discipleship Ministries), por primera vez en muchos años, no tenía ninguna responsabilidad semanal de liderazgo en la adoración. Sólo tenía que ir a la iglesia y adorar. Ahora que estoy en el otro lado, anhelo fervientemente llegar a la adoración para dejar mis cargas. Lo que he aprendido al ir a la iglesia los domingos es lo vital que es una reunión de adoración para tener la oportunidad de entrar en la presencia de Dios, tomar todo el peso de mi trabajo y el estrés y llevarlo al altar de Dios. La adoración ha sido como agua viva para mí porque me recuerda quién es Dios. En las reuniones del culto, celebramos la presencia de Dios, y recordamos que Dios es más grande que cualquier problema o estrés que tengamos. La clave es que debemos ser capaces de liberar nuestras preocupaciones y dárselas a Dios.

Al entrar en el culto, no quiero irme de la misma manera que entré. La adoración es muy significativa porque cambia mi actitud, mi humor. Eleva mi pensamiento y me permite liberar emociones. Cuando salgo de la adoración, me siento más ligero. Exhalo. Me recuerda la presencia de Dios en mi vida, en medio de todo lo que estoy experimentando. Es de vital importancia adorar, no como una obligación sino como un privilegio. Sé, lo que David quiso decir en el Salmo 122 cuando dijo: «*Yo me alegré con los que me decían: A la casa de Jehová iremos*» (RVR, 1960). Sé lo desesperado que estaba por conectarse con Dios, por recordar quién es Dios, por alabarlo.

Especialmente al vivir con tanta negatividad y estrés, aumentados por todo lo que sucede en el mundo, es cuando nos urge escuchar las buenas nuevas del evangelio una y otra vez. Debemos escuchar la historia de la salvación, la gracia, la misericordia y la compasión de Dios. Necesitamos oír el mensaje que nos recuerde que hay un Dios que es más grande y más poderoso que todo lo que me pasa en la actualidad, que escucha y ve y conoce nuestra lucha. Un Dios que nos entiende y nos da lo necesario. Es como un refresco de agua fría. ¡Agua viva! que escucha y ve y conoce mi lucha. Dios me entiende. Dios me va a dar lo que necesito. Es como un refresco de agua fría. ¡Agua viva!

Lo que he descubierto que es cierto, como líder y miembro de la iglesia, es que la preparación espiritual para la adoración es esencial. Necesitamos tener en nuestro corazón y nuestra mente un espacio que nos prepare para escuchar la Palabra de Dios y participar en la experiencia de la adoración. Aquí radica mi preparación personal para maximizar mi oportunidad de tener una experiencia profunda. Preparo mi corazón para esperar un encuentro con Dios antes de entrar en la adoración. Este acto deliberado de practicar la presencia de Dios nos ayuda a encontrarnos con Dios y a hablarle con total libertad.

Práctica de reinicio del alma

Quiero invitarle a considerar todo lo que le produce tensiones en este momento. ¿Qué es lo que le abruma? ¿Podría hacer un reinicio firme y empezar de nuevo con una perspectiva nueva? ¿Qué podría hacer para practicar deliberadamente el estar con Dios a lo largo de sus días y noches? Si es pastor/a líder del ministerio, ¿quiénes son las otras personas líderes en su círculo que podrían ayudar a compartir sus responsabilidades? ¿Dónde puede encontrar más tiempo para estar con su familia?

La oración, adoración y práctica de la presencia de Dios son disciplinas que nos mantendrán cerca de Dios cuando empecemos a sentirnos abrumados/as por el trabajo que tenemos por delante. Jesús nos ha mostrado cómo guiar y cuidar nuestras almas. Nos ha mostrado cómo permanecer cerca de Dios, incluso cuando reunió una comunidad nueva, enseñó, sanó y viajó. Apoyémonos en Jesús para recibir su ayuda en nuestras vidas y ministerios. Recordemos que la iglesia no vive de nuestras fuerzas, sino que vive sólo por el poder de Dios. ¡No todo depende de nuestras acciones, ni tenemos el poder de arruinar lo que Dios ha establecido! Por lo tanto, tomemos la vida con calma, respiremos profundamente y recordemos que la gracia de Dios no nos subyuga. Sigamos el ejemplo de María de estar presente con Jesús.

Preguntas de reflexión

1. *Piense en la última vez que sintió la tensión de los retos que enfrentaba. ¿Qué palabras utilizaría para describir ese momento de su vida?*
2. *Vuelva a leer la historia de María y Martha. ¿Se identifica más como María, que ve un momento espiritual, o como Marta, que sólo veía lo que necesitaba ser realizado?*
3. *¿Dónde cree que termina su responsabilidad por la salud espiritual de otra persona y comienza la de ella?*

4. *¿Qué cree que significa practicar la presencia de Dios? ¿Cómo puede aprender a estar consciente de la presencia de Dios en cada momento del día?*
5. *¿Cuándo ha sentido que «todo depende de usted»? ¿Qué disciplinas espirituales evitan caer en esa trampa de nuevo, en cambio, sentir el apoyo de Jesús como el centro de su vida?*

⏻ La práctica espiritual diaria de esta semana es ***el Ayuno***. Vaya a la página 123 para descubrir formas de practicar *el ayuno* todos los días de la semana que viene.

Come algo

Luego se acostó debajo del arbusto y se quedó dormido. De repente, un ángel lo tocó y le dijo: «Levántate y come». Elías miró a su alrededor y vio a su cabecera un panecillo cocido sobre carbones calientes y un jarro de agua. Comió y bebió, y volvió a acostarse. El ángel del Señor regresó y, tocándolo, le dijo: «Levántate y come, porque te espera un largo viaje». Elías se levantó, y comió y bebió. Una vez fortalecido por aquella comida, viajó cuarenta días y cuarenta noches hasta que llegó a Horeb, el monte de Dios. Allí pasó la noche en una cueva.

—1º de Reyes 19:5-9

¿Q*ué estás haciendo aquí?* ¿Alguna vez se ha hecho usted esta pregunta? Si alguna vez consideráramos seriamente lo que significa experimentar una renovación genuina y auténtica en nuestras vidas, entonces éste es el momento. En un ensayo titulado (La paradoja de nuestra era; Palabras acertadamente dichas) *The Paradox of Our Age* de su libro *Words Aptly Spoken* (Overlake Christian Bookstore, 1995; pp. 197-98), el Dr. Bob Moorehead lo expresó así:

> «Hemos aprendido a ganarnos la vida, pero no a vivirla; hemos añadido años a la vida, no vida a los años. Hemos limpiado el aire, pero contaminado el alma; hemos separado el átomo, pero no nuestros prejuicios; nosotros ... planeamos más, pero logramos menos... aprendimos a apurarnos, pero no a esperar... Vivimos la época de ... viajes rápidos, pañales desechables...moralidad desechable, relaciones de una noche... y píldoras que hacen de todo, desde animar, hasta prevenir, callar o matar. Es una época en la que hay mucho en la vitrina y nada en la bodega».

Nos hemos convertido en un mundo adicto a la prisa. La prisa es un empujón emocional. Conducimos rápido aún cuando tenemos mucho tiempo para llegar a nuestro destino. Cocinamos nuestra comida en el microondas, aunque sepa mejor calentada como se cocinó. Nos ponemos impacientes al hacer fila aun cuando no debemos estar en otro lugar en ese momento. Tenemos que darnos permiso para ir más despacio. Tenemos que reflexionar seriamente y considerar cómo recibir una renovación genuina y auténtica en nuestras vidas. Necesitamos un reinicio del alma.

Me encanta la forma en que el reverendo Dr. Otis McMillan cuenta la historia de un perro de carreras ya viejo y jubilado. Es una historia incluida en uno de los libros de Fred Craddock. Aunque pastores y pastoras, en su gran mayoría, conocen y cuentan una versión de esta historia, fue la versión del Dr. McMillan la que me ayudó a ver esta parábola desde un ángulo diferente. Cuenta la historia de la entrevista a un perro galgo jubilado. El perro estaba sentado, relajado, disfrutaba del aire bajo un árbol y tomaba un poco de limonada. El Dr. McMillan le preguntó a este perro: «¿Por qué te relajas allí? ¿No deberías estar corriendo en la pista de galgos?» Y el perro galgo dijo: «He corrido durante los últimos tres años. Fui el primero en salir de la caja, a perseguir a ese conejo. Gané medalla tras medalla, trofeo tras trofeo, y gasté mucha energía para ganar la carrera, pero quiero que sepan que hace un par de días me levanté antes del amanecer, y me arrastré hasta donde estaba el conejo. Y después de mirar la caja, dejé de perseguir conejos: aunque *se movía*, «ese conejo no es *real*».

Hemos perseguido conejos, pero no son reales. Mi misión, mientras hablo y viajo, e incluso al escribir este libro, es recordarnos a usted y a mí que «el conejo no es real». En otras palabras, nos dedicamos a girar nuestras ruedas y perseguir nuestras colas hasta el agotamiento. Vivimos la vida por la vía rápida. Pero he descubierto que la vía rápida es en realidad un molino de ruedas. El éxito es una ilusión si no está definido por los valores de nuestra fe. El éxito producirá una carga de responsabilidad si no está basado en la fe.

En la historia de Elías (1º de Reyes 19), vemos a un hombre que, en el sentido literal, está emocionalmente, espiritualmente y físicamente agotado. La ironía de la historia es que Elías acababa de alcanzar el mayor éxito de su vida: había declarado una sequía para castigar a la nación israelita por su idolatría, la adoración de Baal, que había sido alentada por la reina, Jezabel. La sequía había terminado en un concurso entre Elías y los profetas de Baal, y un Dios que respondiera al llamado de su profeta desde el cielo sería reivindicado como el único Dios verdadero. ¡Elías ganó el concurso! Sin embargo, Elías tuvo que huir a Beersheba para escapar de la ira de Jezabel. Elías había estado en la cima de la montaña con Dios, y había logrado mucho en el ministerio, pero ahora corría para salvar su vida. Sale al desierto y se sienta junto a un arbusto grande, y en un estado de agotamiento espiritual y emocional, le pide a Dios: «*Quítame la vida*».

¿Puede identificarse con esa situación? Si habláramos con honestidad, más personas de las que conocemos expresarían haber pasado por una situación como la de Elías. ¿Pero podemos ser lo suficientemente reales para expresarnos con tanta honestidad? ¿Podemos empezar a construir comunidades de fe en las que sus miembros puedan hablar con la verdad unos con otros? El agotamiento y el cansancio se han incrementado en la iglesia hoy en día. El liderazgo y el pastorado de la iglesia se queman a un ritmo alarmante. Las personas dejan los ministerios y púlpitos porque están agotadas y han perdido la pasión por su trabajo. La verdad es que la vida desgasta incluso a quienes tienen los mejores talentos para el ministerio. A veces llegamos a estas circunstancias en la vida no por el fracaso sino porque no manejamos bien nuestro éxito.

Pruebas y ensayos

Todas las personas pasamos por tiempos difíciles y pruebas duras. Creo que esas etapas son necesarias para nuestro crecimiento al poner a prueba el valor de nuestras convicciones y la profundidad de nuestra fe. Siempre podemos estar seguros/as de que el mismo Dios que nos ha guiado es el mismo Dios que nos guiará. Los problemas son una plataforma para la demostración de la gracia y el poder todopoderoso de Dios en nuestras vidas. Para Elías, la situación se veía peor de lo que realmente eran. Las circunstancias externas parecían abrumadoras, pero nunca estuvo fuera del cuidado de Dios todopoderoso. Dios no regañó a Elías por sentirse deprimido, sino que le dio una nueva perspectiva. Envió un ángel para organizar unas vacaciones muy necesarias. Elías obtuvo toda la comida que necesitaba. Recibió todo el descanso que necesitaba. Consiguió todo el tiempo de reflexión que requería. A veces Dios nos llama como a Elías y nos invita a: *Descansar y renovar.*

Descansar para reiniciar

Cuando pensamos en reiniciar, tenemos que recordar el poder del descanso, que acatar un tiempo sabático es una de las formas en que Dios nos renueva. Sabático significa detenerse y descansar; es un regalo de nuestro Dios creador. La verdad es que a veces las personas nos sentimos atrapadas en nuestro intento de transformar el mundo y continuamos sin pausar —aun cuando transformar el mundo es una misión digna— seguimos adelante sin detenernos y nos esforzamos para lograr esa transformación. Muy pronto dejamos de operar bajo el poder de Dios, y comenzamos a tratar de operar con nuestras propias fuerzas. Olvidamos que tratamos con una guerra espiritual, porque nuestra lucha no es contra la carne y la sangre, sino contra las fuerzas espirituales del mal.

¿Estarías de acuerdo en que la vida a veces desgasta incluso a las personas mejor preparadas para el ministerio? Si permitimos que nuestros trabajos y actividades múltiples nos conduzcan a una muerte temprana, entonces lo harán. Dios sabía de la necesidad de descansar, una vez terminado el trabajo de la creación, descansó. Dios bendijo el séptimo día y lo llamó especial. ¿Qué lo hizo especial? El descanso. Un tiempo intencional, establecido para descansar del trabajo y sosegarse en el amor de Dios es esencial para un reinicio del alma. Debemos detener el ajetreo para permitir que nuestros corazones, cuerpos y mentes reinicien.

Jesús sabía cómo descansar, y nos invitó a su descanso cuando dijo: «*Venid a mí todos los que estáis fatigados y cargados, y yo os haré descansar*» (Mateo 11: 28-30, RVR 1977). No dijo: «Venid y dejadme que os dé un montón de trabajo para hacer». No dijo: «Síganme y tendrán listas de tareas como nunca antes han visto». No, Jesús dijo que da *descanso* a todas las personas. Recuerde que la salvación de Dios es para toda la humanidad: Dios se preocupa por nuestros cuerpos, nuestras mentes y almas. El descanso sabático es una necesidad para reiniciar el alma. Es un ingrediente esencial para la renovación espiritual, emocional y física.

Permitir que su cuerpo descanse le dará energía a su vida. Una mente que ha descansado es capaz de pensar creativamente.

Nuestros espíritus necesitan tiempo para reconectarse con Dios, nuestro Padre y fuente de nuestra identidad. Necesitamos tomar el tiempo, espacio y descanso para recordar quiénes somos y a quién pertenecemos. Necesitamos esos sabáticos para recordar que la iglesia no se crea únicamente los domingos; es lo que somos como seguidores y seguidoras de Cristo. El apóstol Pablo dice que es en Cristo donde «vivo y me muevo y tengo mi ser» (Hechos 17:28, adaptado).

Dios le dio a Elías descanso para el viaje que tenía por delante y le dijo que comiera algo. Elías necesitaba descansar y comer algo para regresar al trabajo que le esperaba. A veces Dios tendrá que atender nuestras necesidades físicas antes de encontrarnos. A veces, por causa del agotamiento, nos falta la preparación para recibir lo que Dios nos tiene reservado. Dios se preocupó por el bienestar físico y espiritual de Elías:

> *«Elías se levantó, y comió y bebió. Una vez fortalecido por aquella comida, viajó cuarenta días y cuarenta noches hasta que llegó a Horeb, el monte de Dios. Allí pasó la noche en una Cueva … Más tarde, la palabra del SEÑOR vino a él. —¿Qué haces aquí, Elías? —».*
>
> (1º de Reyes 19: 8-9)

Es asombroso observar cuántas posibilidades nuevas emergen después de un día de descanso y renovación en la presencia de Dios. Afortunadamente para Elías, la situación por la que pasaba no era realmente tan complicada como él la veía. El cansancio y la fatiga distorsionan la perspectiva de la situación por la que pasamos. Nuestro sentido de la fatalidad se magnifica. Dios le dio a Elías una nueva perspectiva. Dios le envió un ángel para darle un descanso muy necesario. Elías comió y descansó. Tuvo tiempo para reflexionar. Dios le dio a Elías descanso para el viaje que tenía por delante. Se preocupó tanto de su bienestar físico como de su bienestar espiritual.

«¿Qué haces aquí?»

El descanso sabático es importante para el reinicio del alma porque deja espacio para la revisión personal. Dios sabía lo que Elías hacía, pero le preguntó de todos modos para que Elías pudiera empezar a repensar su situación con una perspectiva nueva.

Y Elías no llegó muy lejos antes de que necesitara reiniciar de nuevo. Esta vez se escondió en una cueva, a esperar para escuchar a Dios, hasta que Dios vino a él y le preguntó qué hacía allí (ver 1º de Reyes 19: 9-13). Por supuesto, una vez más Dios sabía lo que Elías hacía, pero Dios preguntó de todas formas para que Elías pudiera empezar a evaluar su situación más profundamente. Dios le decía a Elías, «no te salvé para estar en esta condición, Elías. ¿Qué haces aquí en una cueva en el Monte Horeb? ¿No te envié a predicar a mi pueblo en Israel? ¿No deberías guiar en este momento a mi pueblo a un gran avivamiento? No te llame a que corras ni para que te escondas en una cueva. Te llamé a presentarte ante los reyes, a desafiar a los dioses y profetas falsos, y a ser un ejemplo de justicia para el pueblo de Israel. Entonces, Elías... ¿qué haces aquí?». Era un llamado para que Elías examinara su vida. Fue una invitación para que Elías reordenara sus prioridades. Fue un ofrecimiento para que Elías hiciera las preguntas difíciles.

¿Qué preguntas le hace Dios sobre lo que Dios trata de hacer en y a través de usted? Hay muchas razones por las que podríamos estar en una «cueva». Podría ser un divorcio, una situación de abuso, un desastre financiero. Podría ser el propio ministerio o podrían ser sueños rotos. Para dirigir eficazmente, debemos madurar en nuestra fe, y eso requiere tiempo para confrontarnos sobre dónde estamos en la vida. A menudo el resultado es un reordenamiento de nuestras prioridades.

Es interesante para mí que Elías llega al lugar llamado «el monte de Dios», y allí encuentra una cueva. Este monte era un lugar de gran importancia para el pueblo de Israel. Fue ahí donde Dios se encontró con Moisés en una zarza ardiente. Fue ahí donde Moisés había recibido los Diez Mandamientos de Dios. Este es el lugar donde uno esperaría estar envuelto en la presencia de Dios. Pero ahí, Elías encontró una cueva.

Durante una temporada agotadora de ministerio cuando era pastor de la Iglesia Metodista Unida de San Marcos en Wichita, Kansas, asistí a una conferencia nacional sobre la predicación. No había nada malo en nuestro ministerio. De hecho, experimentábamos un período de crecimiento sostenido. Pero estaba cansado, y mi intención era simplemente ser renovado. Pasé tres días en esta conferencia donde escuché a algunos de los predicadores más talentosos y mejor preparados del país. Las experiencias de adoración estuvieron llenas del Espíritu y asistieron alrededor de 2.000 personas cada noche. La música era excelente. La gente aplaudía y levantaba las manos. Pero recuerdo haber estado en ese espacio una noche y sentir que Dios estaba a un millón de millas de distancia. Ese momento fue un recordatorio aleccionador para mí de que mi tiempo de renovación debía incluir algún tiempo para la auto indagación y reflexión.

Práctica de reinicio del alma

Al igual que Elías, necesitamos un tiempo de auto inspección. No sólo necesitamos un sabático, necesitamos una inspección del alma. Tal vez estamos aquí porque no manejamos bien el éxito. Claro, tenemos todas las señales del éxito: Tenemos la reputación; tenemos el título. Pero el éxito es una ilusión peligrosa. Elías dice en 1º de Reyes 19: 10, «Yo soy el único que ha quedado». El éxito tiene la tendencia a hacerle sentir excesivamente responsable, como si todo dependiera de su fuerza y sólo de su fuerza. Pero en el tiempo sabático, nos apoyamos en la fuerza de *Dios* y recordamos que Dios puede hacer lo que Dios va a hacer, con o sin nosotros/as. Participar en el trabajo de Dios es un regalo que Dios nos da, no una carga a soportar.

¿Qué haces aquí? es una pregunta que ahora me hago frecuentemente. He desarrollado un nuevo hábito llamado «en el balcón». Es lo que llamo el tiempo que dedico al menos una vez al trimestre a reflexionar y hacerme las preguntas difíciles para evitar la cueva. Es un tiempo para tener una visión amplia de mi ministerio y mi vida. Me da tiempo con Dios y tiempo para recordar que Jesús está en control de mi vida. Me da tiempo para

tratar de evitar las trampas del agotamiento y la fatiga. He descubierto que, si bien no puedo evitar las circunstancias difíciles, puedo cambiar la forma en que respondo a ellas. Incluso en mis experiencias en la «cueva», estoy convencido que el Dios que me trajo allí es el mismo Dios que me guiará. Creo que los tiempos difíciles y los desafíos en nuestras vidas son necesarios porque ponen a prueba el valor de nuestras convicciones y la profundidad de nuestra fe. No podemos tener un testimonio sin una prueba. No podemos conocer a Dios como solucionador de problemas si nunca tenemos problemas. Nuestros momentos más difíciles proporcionan una plataforma para el despliegue de la gracia y el poder de Dios en nuestras vidas.

Dedique unos minutos para su auto indagación. ¿Qué hace aquí, ahora mismo, en este momento de su vida? ¿Siente agotamiento espiritual? ¿Necesita un descanso? Evalúe el estado de su alma, y pídale a Dios que le ayude a reiniciar y comenzar de nuevo con energía fresca y fuerza para el viaje.

Preguntas de reflexión

1. *¿Qué prácticas le ayudan a evitar el agotamiento y la fatiga y a vivir una vida centrada, y completa? ¿Tiene una práctica sabática regular? ¿Cómo es su tiempo sabático?*
2. *¿Cuáles son algunos de sus momentos en la cima de la montaña? ¿Cuándo ha experimentado momentos en los que su alma ha sentido que se escondía temerosa en una cueva y a la espera de escuchar a Dios?*

3. *¿Cómo le enseñan las pruebas y los ensayos sobre quién es Dios y quién es usted?*
4. *¿Cuál es la visión general que tiene de su vida en este momento? ¿Qué puede aprender al observar su vida de esta manera?*

⏻ La práctica espiritual diaria de esta semana es ***Cuidar su cuerpo***. Pase a la página 126 para descubrir formas de practicar el *cuidado de su cuerpo* todos los días de la próxima semana.

5

Vida en crisis

«Los ojos se me apagan a causa del dolor;
todo mi esqueleto no es más que una
sombra».

—Job 17:7

El 2012 fue un año de tristeza extrema para mí. Después de luchar por años con la depresión y recuperarme del colapso nervioso que sufrí en California, caí de nuevo a la fosa. En febrero de 2012, mi madre murió después de haber sobrevivido a un aneurisma cerebral, al cáncer y a la rehabilitación que siguió. Los paramédicos pensaron que sufría de un ataque de asma, pero en realidad fue un ataque al corazón. Mi hermano me llamó desde el hospital y me dijo que la ambulancia había llevado a nuestra madre al hospital. Ella no respiraba. Yo podía oír el ruido de las máquinas por teléfono. También escuchaba la angustia y tristeza en las voces de mi hermano y mi cuñada. Podía oír el frenesí de la gente en la habitación tratando de resucitar a mi madre por tercera vez. Le dije a mi hermano que pusiera al doctor al teléfono, y en un momento que me persigue hasta hoy, le dije al doctor que la dejara ir. Mi madre y yo habíamos hablado de sus últimos deseos y me había pedido que no la pusiéramos en las máquinas «resucitadoras» cuando estuviera a punto de morir. Sentía que ella estaba lista para irse.

En ese momento, mientras yo estaba en mi sala de estar, con el teléfono en mano, la dejé ir... y unos momentos después, mi hermano me dijo que había fallecido. Me caí al suelo, sollozando. Nunca antes había sentido tanta desazón. El dolor fue inmediato. Mi esposa e hijos corrieron a la habitación y me encontraron en un profundo dolor que nunca había sentido, nunca. Pero como un buen ministro, me puse en modo pastor. Prediqué en el funeral de mi madre y fui fuerte para todos, hasta que no lo fui. En los meses siguientes, me desmoroné. Entré en una depresión muy profunda que nunca había experimentado. Honestamente no creí que saldría de ella; no creí que lo lograría. Había dejado la medicación, pero sabía que tenía que volver a tomarla. Necesitaba ayuda y asesoramiento. Como no había aprendido completamente la lección, continué con mi trabajo de pastor, trataba de mantener todo en marcha en la iglesia y en casa. Pero por dentro, estaba destrozado. Era un desastre.

Poco después de que mi madre muriera, mi hermano llamó y me dijo que tenía algo que compartir conmigo: La persona que yo creía que era mi padre no lo era. *¿Qué?* El hombre que yo creía que era mi padre... *¿no lo era*? Puede imaginar que esto me golpeó como una tonelada de ladrillos. Otro pedazo de mi realidad, mi normalidad, había sido arrancado de mi vida. Fue una pérdida. Perdí parte de mi identidad, y fue doloroso porque debí tener conversaciones difíciles con mi padre que incluían pruebas de ADN. Cuando los resultados llegaron por correo unas semanas después, me enteré con certeza que el hombre que creía que era mi padre, en realidad no lo era. Ya estaba sin capacidad emocional, así que la aflicción golpeó fuerte y no mostró piedad.

Mi temporada de *trabajo* continuó en agosto de ese año (aún 2012), cuando mi hermano murió de un ataque al corazón. Dos semanas después, perdí a mi abuela. Alrededor de un mes después de eso, perdí a uno de mis mejores amigos del instituto. Es difícil imaginar que tanta pérdida pueda suceder en tan poco tiempo, pero allí estaba yo, hasta el cuello de la devastación. Me preguntaba por qué todo este dolor se me venía encima. No tuve tiempo de hacer el duelo adecuadamente de una pérdida a otra. Lamentablemente, no había aprendido la lección de las temporadas oscuras por las que había pasado anteriormente y no me tomé ningún tiempo libre. Pensé que tal vez si me esforzaba y continuaba con el trabajo, encontraría la manera de estar bien. Asumía que ser un buen líder significaba reprimir mi dolor, mi estrés y mi angustia. Decidí que necesitaba ponerme una máscara y pasar por alto mis sentimientos. Esa actitud fue un gran error.

En noviembre de 2012, mis ataques de pánico habían vuelto, o eso creía. De repente, empezaría a temblar incontrolablemente y a perder el aliento. El solo hecho de caminar de la oficina al carro me causaba dificultaba para respirar. Entonces noté un dolor en mi pierna. De camino a un retiro, llamé a mi médico y le dije lo que me sucedía, y me dijo que fuera a la sala de emergencias inmediatamente. No dijo por qué; sólo dijo que colgara el teléfono y que fuera. Resulta que tuve dos embolias pulmonares, un coágulo en ambos pulmones y otro en la pierna izquierda. Estaba literalmente al borde de la muerte. Los doctores no podían creer que yo estaba sentado ahí vivo. Dijeron que tenía mucha suerte. Estaba acostado en la cama en la habitación del hospital, acostado de espaldas, y eso fue lo que me hizo detener el tiempo suficiente para ponerme en contacto con mi dolor. Estaba justo ahí, bajo la superficie, a la espera de tratar con este asunto.

En esos primeros momentos después de recibir la noticia de que yo había escapado de la muerte, pensaba en cómo llegar a la iglesia para predicar el domingo. Porque los problemas vienen a nosotros sin importar si es el momento oportuno, había muchos asuntos de la iglesia que requerían mi atención. Estábamos en medio de la campaña de financiamiento, y era el domingo de compromiso. Esta etapa fue la conclusión de meses de planificación, reuniones, encuentros y compartir la visión con toda la iglesia. Pensaba: Dios mío, *¿Por qué ahora, en medio de una temporada tan importante para la iglesia, me tienes tendido en una sala de emergencias?*

Pero ahora, en perspectiva, veo que Dios me decía durante este tiempo, «Junius, eres muy terco. La campaña de capital no es lo más importante en tu vida. Tu camino conmigo es el más importante, y necesitas tiempo para procesar tu duelo y cuidarte. Vas a detener todo y a reiniciar». Ese fue el punto de inflexión más importante en mi viaje espiritual y en mi viaje de liderazgo. Ese fue el momento en que supe que me esperaba otro reinicio del alma. Todo estaba desalineado. Mi cuerpo no estaba sano. Mi espíritu era como un desierto. Mi mente no estaba en un buen lugar. Dios me dejó claro que necesitaba empezar de nuevo. Tantos momentos de ese año en que quise rendirme. Estaba en un lugar oscuro. Hubo tantos días en los que literalmente intenté forzarme a salir de la oscuridad.

No fui a la iglesia a predicar ese domingo. Estuve en el hospital durante una semana mientras mi cuerpo se recuperaba. Tuve conversaciones profundas y difíciles con mi esposa. Recuerdo que ella dijo que no sabría qué hacer si algo me pasara. Pude ver que estaba preocupada, pero le aseguré que había un plan. Sin embargo, hablábamos de dos planes diferentes: Yo hablaba del plan de crisis de nuestra iglesia, mientras que ella hablaba de nuestra relación. Ella quería decir que no sabía qué haría sin mí. ¡Esta conversación si que era una llamada de atención! Yo necesitaba un reinicio urgentemente. No sólo mi cuerpo, mente y espíritu necesitaban un reajuste, sino que también necesitaba cuidar la relación con mi familia.

Mis conversaciones con Dios

Esa semana en el hospital, tuve un diálogo abierto con Dios. *¿No he pasado ya por suficiente, Dios? Sólo intento ser fiel y hacer lo que estoy llamado a hacer, Señor. ¿Por qué permitiste que esto sucediera?*

Esta experiencia fue una llamada de atención. Dios me mostró que estaba muy desenfocado en muchos niveles. Fue una oportunidad para reflexionar sobre mi vida, que sólo podría haber sucedido conmigo en una cama de hospital. Nunca habría dejado de trabajar para dedicar el tiempo necesario para reflexionar o lidiar con mi dolor durante el año. Finalmente utilicé un tiempo para mí, tuve la oportunidad de estar en oración profunda. También fue un momento para recordar que, si yo fallecía, esa iglesia seguiría adelante sin mí porque el tiempo no se detienen y los domingos seguirán llegando. Vi el servicio de adoración en línea ese domingo, ¡y fue un servicio realmente bueno!

Esta estadía en el hospital fue un punto de inflexión. En ese instante empecé a decir, *Dios, necesito que camines conmigo a través de mi dolor y sufrimiento.* Así como yo camino con otras personas cuando atraviesan pruebas, esto fue lo que Dios me dijo, «Tienes que dejarme caminar contigo, y tienes que dejar que otras personas caminen contigo a través de esta situación». Empecé a abrirme más sobre mi pena y depresión. Antes, nunca habría hablado con las personas de mi iglesia sobre lo que sucedía en mi cabeza y mi corazón. De alguna manera, pensé que esto era diferente. Sentí que la forma de pasar a través de mi dolor era trabajar a mi manera para superarlo. El problema había sido que, en medio de mi dolor, no me había tomado tiempo para sentir. Siempre había dado la imagen de bienestar; siempre se trataba de proyectar la fuerza como líder. Tenía que ser fuerte. Pero me moría por dentro, y lo que más necesitaba era poder expresar por lo que me estaba pasando con las personas que me aman. Necesitaba compartir con mi gente que yo no estaba totalmente bien. No soy un robot o una máquina. No soy una persona que no siente. Así que Dios me decía, «Si vas a hacer esto, así es como vas a tener que hacerlo para seguir adelante». Es como una lección que tenemos que aprender *otra vez.* «No aprendiste la lección la primera vez, así que intentémoslo de nuevo».

Job

La vida se hizo real para mí, al igual que para Job quien clamó a Dios en medio de su dolor. Yo también aprendí a clamar a Dios. *Te necesito, Dios. Te necesito.* Fue muy personal. No le pedía a Dios ayuda con un presupuesto o una necesidad de la iglesia. Yo necesitaba a Dios. Luchaba por mi vida. Estaba en la batalla por seguir vivo. Necesitaba sentirme sostenido por Dios.

Cuando empecé a clamar a Dios, me incliné hacia la promesa de que se podía confiar en Dios. No vi la plenitud justo en frente de mí o el camino que tomaría para llegar allí, pero sabía que tenía que confiar en Dios. Ese fue mi momento —sin importar qué— con Dios. Ese fue mi momento de «*todavía lo alabaré*» con Dios. Ese fue mi momento con Dios de agradecimiento por la vida. Tantas veces ese año, sentí que no me importaría no vivir más. Pero allí, en ese momento, devolví mi vida a Dios, por cualquier vida que Dios tenía reservada para mí; y el poder que Dios me da, voy a obrar a partir de eso.

En ese momento todavía no estaba sanado integralmente. Tenía un camino largo por recorrer. Tenía trabajo que hacer. Pero el trabajo no se trataría de añadir tareas y planes; se trataría de escuchar la voz de Dios de nuevo, refrescante y con poder. Mi dolor me había cerrado emocionalmente como un mecanismo de defensa. Era tan abrumador que no sabía qué hacer con ese sentimiento. Empezar de una forma nueva significaría darle a Dios mi dolor. El hacerlo sería el comienzo de un nuevo capítulo en mi caminar con Dios. Esta vez, aprendería a caminar en los ritmos no forzados de gracia a los que Jesús nos invita. Esta vez, aprendería lo que significa realmente caminar ligera y libremente con Jesús.

Dios, ¿por qué?

Job se enfrenta cara a cara con la pena, el sufrimiento y la pérdida. No la endulza o la pasa por alto. Es una realidad cruda. Job es un hombre rico, tiene una familia muy buena, dirige un negocio prospero, tiene una reputación excelente; es humilde ante Dios, es decir, tiene todos los atributos a los que aspiramos. Sin embargo, en un instante, se encuentra cara a cara con una realidad diferente. Entonces, ¿cómo actuamos cuando llegan tormentas inesperadas a nuestras vidas? ¿Cuándo experimentamos una pérdida enorme? Job perdió todo, la familia, los negocios, los empleados. Las pérdidas simplemente continuaban, como mis experiencias en 2012. ¿Qué hacemos cuando el dolor sigue? ¿Dónde está Dios en todas estas situaciones?

¿Cómo mantenemos la fe a pesar de los problemas y contradicciones que el mundo genera en contra de la fe? Esta paradoja es el dilema de Job. A veces nuestro sufrimiento está fuera de nuestro control. A veces nuestra lucha es con situaciones que hemos propiciado. A veces lidiamos con otras personas. La pregunta es, ¿cómo lo manejamos? Vivir una vida abundante no significa que no nos enfrentemos a problemas o tormentas, o que todo sea siempre buenos tiempos, seguridad, salud y riqueza. Una vida abundante significa tener la capacidad de lidiar con las situaciones tal como llegan.

La historia de Job trata realmente sobre una respuesta. La respuesta de Job a su sufrimiento fue la adoración. Nosotros vamos a la iglesia los domingos como si fuera un ritual: Cantamos algunos himnos y oramos, escuchamos el mensaje, y luego vamos a casa y comemos. Eso no es lo que hizo Job. No era un culto que ignorara su realidad. Era una adoración severa. Era desgarrador ponerse delante de Dios. Job actuó de esa manera. Dijo: «Dios, tú estás conmigo en este dolor. A pesar de lo que estoy experimentando ahora, mi fe en ti no disminuye». Así fue la alabanza de Job. En medio de su dolor clamaba a Dios, declaraba que Dios estaba en medio de ese dolor. Job no podía explicarlo ni entenderlo, pero bendecía al Señor.

He descubierto de primera mano que para tener una mentalidad como la de Job se requiere de mucho esfuerzo. Para bendecir a Dios, debemos esforzarnos por medio de la adoración y la oración y al compartir en comunidad, al mantener relaciones interpersonales auténticas y no tener miedo de mostrarnos vulnerables. Así luchamos por la fe en Dios cuando tomamos el riesgo de sentir el rechazo de la sociedad. Cuando nos arriesgamos a que la gente nos diga: «Sal de ese estado». Y cuando las personas piensen que no es tan malo ni doloroso por lo que pasamos.

Jesús es el mejor ejemplo. Él entró en nuestro dolor y rechazo y lo tomó sobre sí mismo para que tuviéramos la capacidad de experimentar el sufrimiento con él. Cuando pasamos por el dolor, entendemos mejor toda la bondad de Dios para sus fieles. De vez en cuando habrá lágrimas y pruebas, pero las Escrituras declaran que el llanto sólo dura la noche y la alegría llega por la mañana.

Buenas amistades y las palabras correctas

Al principio, las amistades de Job hicieron lo correcto: Vinieron y se sentaron con Job y entendieron su dolor. Pero cuando la pena se hizo demasiado pesada, sintieron que tenían que decir algo. Yo fui pastor de una familia que perdió un hijo de repente. Los padres estaban en un crucero, así que me reuní con la hermana del hijo en el hospital para estar allí cuando llegaran sus padres. Sabía lo que se avecinaba, y sabía que iba a ser una pena muy grande. Eso es exactamente lo que pasó. Al llegar, la madre estaba destrozada, sollozaba, aferrada a su hijo muerto. Nos quedamos en esa habitación, en silencio excepto por el sonido de los sollozos. Esta mujer no necesitaba que yo dijera nada o tratara de encontrarle sentido a ese dolor sin sentido. Lo mejor que podía ofrecer a su familia era mi presencia. No hay palabras que puedan consolar en estos momentos. No necesariamente tenemos que decir palabras de aliento cuando acompañamos a la gente a través de su dolor. Podemos ofrecer silencio y presencia, no juicio ni consejo.

Las amistades de Job comenzaron a ofrecerle su presencia, pero cuando los sucesos dolorosos continuaban, perdieron la calma. No podían simplemente sentarse con Job sin ofrecer opiniones o consejos. De alguna manera, decidieron que sería una buena idea preguntarle a Job qué había hecho para recibir tal ira de Dios. No debería sorprender que escuché algunos de esos mismos comentarios de la gente de mi ciudad durante mi año de dolor. Es cierto que no sabemos qué decir a las personas que pasan por duelos.

Incluso la esposa de Job tenía consejos extraños. Le sugirió que maldijera a Dios para que Job pudiera morir y salir de su miseria. Me gustaría darle el beneficio de la duda de que tal vez, sólo tal vez, lo que ella quería decir es que no quería verlo sufrir más. La esposa de Job veía el sufrimiento de este hombre y no sabía cómo proceder, así que sólo trataba de adivinar qué decir o hacer.

Pero la decisión de Job fue vivir y confiar en Dios, sin importar lo que pasara. Job iba a aguantar, sin importar lo que le ocurriera. La pérdida se presenta de diferentes formas: perder un trabajo, pasar por un divorcio, o enfrentar un contratiempo financiero. Vemos personas a nuestro alrededor todo el día, todos los días, que pasan por situaciones de las que no tenemos ni idea. Cuando en ocasiones presenciamos el dolor o la pérdida de alguien, tenemos que aprender que no podemos resolver los problemas. No necesitamos brindar respuestas o soluciones. No tenemos que dar consejos. Lo que podemos hacer es estar presentes con las personas que sufren, justo donde están. Podemos asegurarles de la presencia de Dios en sus vidas, incluso en medio de la dificultad en que se encuentren.

Mi evaluación de la vida de Job es que pasaba por unas semanas animado y de buen ánimo y luego por semanas se sentía al borde de un colapso nervioso. Puedo identificarme mucho con esa conducta. ¿Cómo respondemos a la adversidad? Este es el reto de quienes seguimos a Jesús. Al principio, Job puede recuperarse y adorar. Pero más adelante, está sumergido en un pozo y no puede encontrarle sentido a nada en absoluto. En el pozo, Job sólo busca a Dios. Tengamos en mente que Job se recuperaba y adoraba a Dios para luego volver a recaer en el agujero de emociones negativas y profundas, de quejas, depresiones, ira y muchas dudas.

Dios restaura

Cuando empecé a salir de mi dolor, la restauración llegó a mi vida de una manera extraordinaria. Dios dijo, «Incluso en medio de tu pérdida, voy a hacer nacer algo nuevo en ti». Recuerdo que compartí con mi iglesia que la campaña de capital en la que estábamos era una caminata de fe con Dios. No se trataba de reducir la deuda o financiar una zona infantil en el edificio de la iglesia. Se trataba de nuestra caminata con Dios, nuestra fe, y lo que significa vivir en nuestra comunidad. Creo sinceramente que cuando caminamos de cerca con Dios, el Señor nos mostrará nuevas posibilidades que ni siquiera antes podíamos imaginar. Mientras todavía pasaba a través del dolor y predicaba a través de una campaña para obtener fondos, Dios nos sorprendió en enero de 2013. Tuvimos la oportunidad de iniciar otro proyecto, una iglesia nueva, que nunca habíamos soñado que sucedería en medio de una campaña.

Así que, ese elemento nuevo, esta visión nueva, salió del período más oscuro de mi vida, y realmente me ayudó a reiniciar y soñar. Me trajo una alegría indescriptible. Me devolvió el propósito y la emoción, todo restaurado cien veces: Personas nuevas llegarían a conocer a Cristo y gozarían del amor de Dios. La crisis por la que pasé profundizó mi testimonio y mi historia. Incluso cambió mi enfoque de la predicación. El primer sermón en la iglesia nueva no fue sobre el crecimiento de la iglesia, sino sobre el poder de Dios para resucitar y dar vida a los huesos secos, y para ayudarnos a salir adelante. Conté mi historia el primer domingo de esta iglesia nueva, y marcó el tono de ese campus desde el principio de que seríamos una iglesia que dice la verdad sobre lo que pasa en nuestras vidas. Una mujer me saludó después del servicio ese día, y su emoción no era por la iglesia nueva o la celebración del culto; ¡estaba muy feliz de que yo hubiera compartido mi imperfección el Domingo de Lanzamiento! El campus empezó a atraer a gente que estaba dispuesta a ser vulnerable y vivir y ministrar auténticamente. Es un lugar único y especial. Mi crecimiento personal me llevó a compartir mi historia, y en mi compartir, nuestra iglesia creció en formas que no podía imaginar. Nunca hubiera hablado de mí mismo de esa manera, pero sentí que el Espíritu me guiaba a una forma nueva de ministerio.

He aprendido que la fe en Dios es un viaje, no un destino. Aunque vivo con esperanza y Dios me trae luz a la oscuridad, todavía tengo días malos. Parte de mi peregrinaje es aprender cuándo necesito avanzar y cuándo necesito descansar. Poco después de que nuestra iglesia nueva comenzara, hubo un día en el que el periódico vino a hacer un reportaje en nuestro nuevo campus. Como los días malos no se anuncian con antelación, esto ocurrió en un día realmente malo para mí. Sabía que no me sentía bien, y no esperaba esta entrevista. Nuestra persona encargada de las comunicaciones aún no sabía nada de mí, así que me llamó a casa y me preguntó dónde estaba. Le dije que estaba teniendo un día difícil y que no esperaba estar en esta entrevista. Pero me dijo que me levantara, me vistiera y viniera a la iglesia para la entrevista.

Utilicé todos mis esfuerzos para llegar allí. Finalmente lo logré, y le conté al reportero cómo Dios había dado a luz a esta visión nueva y fue increíble. Me tomó algunas fotos en el santuario, y puedo decir con certeza que la sonrisa en mi cara en esa foto no contó toda la historia de lo que estaba pasando dentro de mí. Cuando miro la foto, puedo decirle exactamente lo que estaba pasando en mi corazón ese día. El titular de la historia era sobre la novedad y una iglesia nueva y emocionante. La foto de mí se ve muy bien por fuera: aparezco sonriente en el santuario de nuestra iglesia creciente y dinámica. Pero por dentro, pasaba por un día muy oscuro, todavía tambaleándome por un año de sufrimiento y pena. Dios continúa su obra en nosotros/as y a través de nosotros/as, incluso en nuestros días oscuros. *Miro* esa imagen y pienso: «*En ese entonces, estaba en un viaje, no había llegado, pero todavía Dios me utilizaba*».

El poder de una comunidad honesta

Parte de mi proceso de sanidad fue aprender a ser auténtico y abierto con mi historia y aprender a dar el ejemplo en el camino de la vulnerabilidad. Así que, en una iglesia de 3.000 miembros, con lo que parecía un millón de ministerios diferentes, decidí reunirme y enseñar a un grupo pequeño de hombres que llamamos fraternidad. En nuestra primera reunión como un grupo pequeño nuevo, compartí mi historia de descubrir la verdad sobre mi padre. Cuando compartí esa historia, se creó un espacio que nunca antes había experimentado en la iglesia. Creó un espacio de autenticidad y apertura. Otros hombres comenzaron a contar sus historias. Hombres adultos lloraban, mientras compartían sus historias por primera vez en sus vidas. Fue sorprendente para mí, y estaba claro para mí que esto no iba a ser un estudio bíblico ordinario —esto iba a ser un peregrinaje con Dios que llevaba a la libertad. Descubrí que esa vulnerabilidad sería una de las claves para abrir un camino hacia una relación más profunda con Dios y con los demás.

Práctica de reinicio del alma

Una canción que me ayuda a pasar los días difíciles se llama «Journey On», de Elms District. La letra me inspira y me recuerda que debo afrontar cada reto con esperanza: «Sólo tienes un río más para cruzar... Y estás del otro lado». Día a día, un río a la vez, una tormenta a la vez, una montaña a la vez, aprendemos a practicar sostenernos en Dios para tener fortaleza. Aprendemos a alabar a Dios en la tormenta, a través de la tormenta, y por llevarnos al otro lado de la tormenta.

Algunos de los elementos para llevar en el viaje hacia la sanidad son la simplicidad, la reevaluación de las prioridades, el tiempo de duelo, la adoración y el cuidado de las relaciones. Tenemos que limpiar el desorden y las cosas sin importancia en nuestras vidas para superar nuestro dolor. Tenemos que revisar nuestras prioridades y asegurarnos de que tenemos suficiente margen para hacer el proceso de sanidad. Tenemos que tomar el espacio que necesitamos para llorar y no apresurarnos. Tenemos que descubrir la adoración como un antídoto para la desesperación, para recuperar nuestras vidas con Dios como el centro. La práctica de la adoración es donde nos reiniciamos. Tenemos que recordar y atender a todas las personas importantes en nuestras vidas y nutrir esas relaciones. Dígale a su familia y amigos que los ama, y agradézcales por acompañarle en su viaje. Confíe en que mientras camina con Dios cada día, el dolor mejorará un poco.

Quiero invitarle a adorar a Dios. Ponga algo de música de adoración ahora mismo y cante. Lo que sea que haga, como sea que se sienta, eleve su corazón a Dios en adoración por unos minutos. Deje que la adoración obre en su alma y reinicie su corazón.

Preguntas de reflexión

1. *¿Cuáles son algunos de los momentos de dolor o pérdida que ha enfrentado?*
2. *¿Siente que tiene que proyectar una sensación de estar «bien» para el mundo? Si es así, ¿por qué?*
3. *¿Qué hicieron bien los amigos de Job? ¿Qué hicieron mal? ¿Cómo puede ser su comunidad de fe, una comunidad que permite el misterio, la vulnerabilidad y la autenticidad cuando se produce una pérdida trágica?*
4. *¿Cómo le han ayudado los grupos pequeños a crecer mientras sigue a Jesús? ¿Qué busca personalmente en un grupo pequeño?*
5. *¿Cómo puede la adoración ayudarle a reiniciar su alma?*

⏻ La práctica espiritual diaria de esta semana es ***la Adoración***. Vaya a la página 129 para descubrir formas de practicar *la adoración* todos los días de la semana que viene.

6

Vivir en la luz

«Dios no envió a su Hijo al mundo para condenar al mundo, sino para salvarlo por medio de él».

—Juan 3:17

Uno de los versículos que se aprenden desde temprana edad en la iglesia es Juan 3:16: «*Porque tanto amó Dios al mundo que dio a su Hijo unigénito, para que todo el que cree en él no se pierda, sino que tenga vida eterna*». Hemos enfatizado la memorización de ese versículo como una descripción de lo que significa recibir la salvación por Jesucristo. Pero si leemos más adelante un versículo más, descubrimos que seguir a Jesús significa mucho más que ser salvado para el cielo algún día en el futuro. El siguiente versículo dice aún más sobre el carácter de la divinidad: Dios no vino a condenarnos sino a salvarnos; no vino a que sintiéramos vergüenza en nuestra relación con Jesús; no envió a nuestro Señor para condenarnos y, por temor, hacernos correr y escondernos.

No, Jesús vino a liberarnos de la vergüenza y del miedo, del pecado y de la oscuridad.

He descubierto que el antídoto contra el miedo y la vergüenza es la capacidad de sentirnos vulnerables. Tenemos que hablar más francamente sobre nuestros fracasos. Parece irónico, pero la gente aprende más de nuestros fracasos que de nuestros éxitos. Si estoy en una conversación con pastoras y pastores jóvenes, pueden admirarme por el éxito de mi ministerio o porque hablo a nivel nacional, lo cual siempre llama la atención. Pero para mí es más valioso decir, «Déjenme contarles sobre la vez que me levanté para hablar, ¡y ni siquiera llegué a primera base! Déjenme contarles la vez que estuve en el hotel, y me costó todo lo que tenía para salir por la puerta y subirme a ese escenario. Déjenme contarles que estaba tan abrumado por la vida que tratar de prepararme para hablar se convirtió en una tarea difícil». Mientras hablo del éxito y de las cosas que hicimos bien en la plantación de la iglesia, también he aprendido a contar ambos lados de las historias, para incluir el lado negativo: los programas que intentamos implementar pero que no funcionaron o una adquisición que resulto ser negativa para el ministerio. De esa manera, la gente, por medio de nuestra iglesia, puede ver reflejada su propia capacidad de arriesgar, de fracasar y de intentarlo de nuevo. La gente tiene que escuchar ambos lados de la historia para conectarse con nuestro ministerio.

Dolor oculto

En una ocasión, durante mis años como pastor en Wichita, Kansas, me senté en una junta de directores con un prominente hombre de negocios. Nos hicimos amigos y compartimos historias sobre dónde habíamos visto la presencia de Dios y otras cuestiones de fe. Nunca hubiera adivinado que él pasaba por algún tipo de dolor. No tenía ni idea de que lidiaba con la depresión, ni de que luchaba con su sentido de la autoimagen, presiones por las que generalmente pasan quienes tienen un liderato exitoso en la comunidad. No conozco todas las circunstancias, pero cuando recibí la noticia de que este hombre de éxito se había suicidado, sentí como una onda expansiva de negatividad a través de mi espíritu. No podía creerlo. Acababa de verlo unos días antes. Habíamos hablado de nuestras familias. Me perseguía el pensamiento de que yo podía tener una conversación aparentemente «normal» y que la persona puede ser excelente en ocultar su dolor, tanto, que, literalmente, en cuestión de horas, pudiera quitarse la vida. Los seres humanos somos expertos en ocultar el dolor y presentar una versión que creemos que la gente prefiere oír y no nuestros conflictos.

Inmediatamente, empecé a hablar con mi iglesia sobre lo que significa ser transparentes y vulnerables como comunidad. Estaba tan preocupado por este suicidio que empecé a pensar en mi enfoque del ministerio y la autenticidad de nuestra comunidad. Era como una bandera roja o un toque de clarín para decir, «Necesitamos tener estas conversaciones de forma habitual». ¿Cómo vivimos en comunidad? ¿Cómo nos aseguramos de que las personas se sientan seguras para compartir su dolor en nuestra comunidad?

Me afectó darme cuenta de que el suicidio de este hombre no sólo afectó a su familia, sino también a la iglesia porque era conocido como un líder de la fe en la comunidad. Tuvo un efecto profundo en la gente que ni siquiera estaba en la comunidad de fe. La ironía es que creemos, falsamente, que las cosas que les pasan a las personas líderes de la iglesia no afectan a las personas de fuera de la iglesia. Pero las personas de fuera de la iglesia tienen un respeto fuerte por los y las líderes de la iglesia y por el testimonio de la iglesia. Cuando ocurren, los eventos trágicos nos recuerdan el poder de nuestro testimonio en la comunidad. Esos momentos nos dan la oportunidad para mostrar nuestra apertura y transparencia.

En su funeral, no se dijo ni una sola palabra sobre el suicidio. Sólo puedo suponer que la razón es por la vergüenza y el estigma que lo rodea. La gente tiene sus propias creencias sobre lo que pasa cuando una persona se quita la vida. Pero ese momento hubiera sido el escenario perfecto para abordar el tema. En el funeral había gente de todas partes, de dentro y fuera de la iglesia.

Otro funeral al que asistí fue un gran contraste. El pastor Adam Hamilton dio un sermón en el funeral de un joven que había muerto por suicidio. Adam ofreció una celebración a la vida de este joven, pero también mencionó la lucha que este chico no pudo superar, la batalla que no pudo ganar. El joven había llamado a su madre el día del suicidio, lo que demuestra que, en nuestros momentos más frágiles y desesperados, todavía tendemos la mano y anhelamos conectarnos con alguien. Adam ofreció el ministerio de la iglesia a aquellas personas que pudieran pasar por luchas semejantes en ese momento. Hizo tres invitaciones: una invitación a la comunidad, una invitación para las personas que podrían estar en una lucha contra el suicidio, y una invitación para los seres queridos y cuidadores/as que necesitan apoyo. De esta manara, Adam conectó el ministerio de la iglesia de una manera muy real y práctica cuando la gente pasa por sus puertas preguntando, «¿Por qué?». Aunque no podemos responder a la pregunta *del por qué*, podemos responder a la pregunta *del qué*. ¿Qué puede ayudarnos a acercarnos a Dios en estos momentos? ¿Qué puede ampliar nuestro sentido de quién es Dios en estos momentos? Esta aceptación es una oportunidad para que toda la comunidad profundice en nuestras relaciones interpersonales y en nuestro caminar con Dios

Decir no a la vergüenza

Los secretos tienen poder sólo porque son secretos. La única manera de quitarle el poder a un secreto es hablarlo en comunidad, así que tenemos que encontrar maneras creativas de invitar a la gente a la vulnerabilidad. Después de la caída de la economía de los Estados Unidos en 2008-2009, muchas de las personas en posiciones de liderazgo corporativo, y fieles en mi iglesia, sufrieron el impacto negativo de esta crisis. Una pareja dejó la iglesia porque sintieron vergüenza de que su negocio estaba en quiebra. La gente los había visto de cierta manera, lo sintieron, y no podían lidiar con lo que la gente podría pensar de ellos allí.

La vergüenza puede aislarnos. Es una paradoja: Uno pensaría que en la iglesia se deberían expresar fracasos y pérdidas y, a pesar del trauma, sentir el amor y cuidado de la comunidad. Pero la iglesia se ha convertido en un medio para ostentar nuestros éxitos en vez de ser el lugar donde podamos expresar libremente tanto fracasos como triunfos. En medio de nuestros fracasos, todas las personas necesitamos que se nos recuerde que recibimos el amor de nuestra comunidad.

En el Evangelio de Mateo (26:33-34), el discípulo de Jesús, Pedro, le promete con confianza a Jesús que nunca lo abandonará. Jesús responde diciéndole a Pedro, «*Esta misma noche, antes de que cante el gallo, me negarás tres veces*». Y después de esto, Pedro de hecho niega tres veces conocer o estar asociado con Jesús. Lo siguiente que Pedro supo fue que Jesús estaba siendo golpeado y asesinado. ¿Pueden imaginar la vergüenza absoluta que Pedro sintió después de oír el canto del gallo? Me imagino que debe haber sido muy difícil para él cargar con tanta vergüenza y odio hacia sí mismo en las horas siguientes.

Pero Jesús se acerca a Pedro en una de sus apariciones en la Resurrección (Juan 21) y le dice: «*¿Me quieres?* … *—Apacienta mis ovejas —*». Esto es un recordatorio de que, de alguna manera en esos momentos de profunda vergüenza, todavía podemos oír a Jesús decirnos, «Eres mi hijo. Todavía tengo una visión para tu vida. Alimenta a mis ovejas». Es en esos momentos del viaje del discipulado en que, con esas prácticas habituales y disciplinas espirituales, descubrimos el gran valor de esos momentos. Esta valoración es posible porque tenemos la capacidad de recordar, de escuchar la voz humilde y tranquila de Jesús en nuestros momentos más oscuros. Usted puede pasar de «Quiero morir hoy» a una voz que le susurre «No tienes que morir hoy». Así es la historia de la vida y donde muchas personas se encuentran a sí mismas.

Hace poco hablé con un joven que acababa de perder a su madre. Dijo que quería morirse. Le pregunté: «Dime, ¿qué sientes?». Me dijo que sentía que su mundo se había acabado, que podría haber hecho más, que le había fallado a su madre. Este joven es músico, y me comentó que incluso ha sentido que ha escuchado la voz de Dios cuando toca música. Expresó que no podía seguir adelante. Sin embargo, es en esos momentos de dolor que descubrimos la capacidad y fuerza que no sabíamos que teníamos. He aprendido por experiencia que las disciplinas y prácticas espirituales nos preparan para lo inimaginable. Tenemos un terreno firme y una capacidad profunda para seguir adelante cuando creíamos que no podíamos hacerlo. Eso es lo que hacen las prácticas espirituales, mantienen la conexión a nuestra Fuente. **

Pedro y Judas

En los eventos que llevaron a la crucifixión de Jesús, Pedro y Judas traicionaron a Jesús y se avergonzaron de lo que habían hecho. Para Judas, su vergüenza se centró en un acto de traición. Traicionó a Jesús. Su acto de traición lo llevó a la vergüenza. No pudo reconciliar su relación con Dios con su traición, y en la vergüenza, se quitó la vida.

La causa número uno del estrés es vivir de forma inconsistente con sus propios valores. En el fondo, es una traición a lo que decimos que creemos. Es cuando traicionamos nuestra fe, cuando no tomamos una posición, cuando actuamos de manera contraria a los caminos de Jesús, cuando cometemos nuestros propios errores. Estas situaciones son acumulativas; se suman a lo largo del tiempo y conducen a una sensación inminente de *que no puedo superar esto*. Es entonces cuando tenemos que recibir la gracia de Dios en nuestras vidas. Judas podría haber tomado un camino diferente. Podría haber escuchado la voz de Dios y haber pedido el perdón de Jesús.

Pedro tomó su vergüenza y la trató en comunidad. Salió en un bote con sus amigos. Por la mañana, Pedro se reunió con Jesús, desayunó con él y fue invitado a una vida de llevar el ministerio de Jesús. Judas llevó su vergüenza al aislamiento y a la oscuridad de la noche. Pedro vio la luz que se abría paso por la mañana, una luz que atraviesa la vergüenza y regala la misericordia que trae una mañana nueva.

Hay dos respuestas a la vergüenza que podemos tener como líderes y como personas seguidoras de Jesús: Aislarse o acudir a la comunidad de fe. Es fácil tener una mala reunión o un mal día y querer esconderse. Pero tenemos que cambiar de comportamiento y tener a nuestra gente a nuestro alrededor. Tenemos que confesar que somos personas quebrantadas y necesitamos gracia y misericordia, y un recordatorio de que Dios nos ama, nos perdona y nos libera.

A menudo recurro al aislamiento. Aprendo poco a poco a ser plenamente consciente de cuando quiero estar solo y en introspección. Cuando lo que quiero no resulta como yo deseaba, prefiero no estar con gente alrededor preguntándome sobre lo que falló; opto por distanciarme. Esta actitud es una señal de vergüenza y de que voy por un camino que podría no terminar bien.

Lo contrario de estar aislado es encontrar la comunidad de fe, participar en un grupo pequeño y tener una actitud de apertura y transparencia con las personas que conforman el grupo. En medio de la seguridad que brinda el grupo, podemos decir lo que sentimos, recibir consejos en los cuales pensar, o incluso sólo estar con personas que se sentarán con usted y le recordarán que todo estará bien. Tengo un grupo de hermanos que me ayudan a vivir esta práctica espiritual. Vivimos en diferentes partes del país, y nos reunimos en persona algunas veces al año. Pero en cualquier momento, cualquiera de nosotros puede pedir una reunión virtual para ayudar a procesar los momentos difíciles o para celebrar algo significativo que sucede en nuestras vidas.

Pedro termina en la playa con Jesús. Transforma su peor día en un recordatorio del llamado de Jesús. Dios todavía te ama y tiene un propósito para ti: «*Apacienta mis ovejas*». Judas transforma su peor día quitándose la vida. La verdad y la realidad es que todas las personas podemos pasar por un día con grandes retos. Todas las personas tenemos el «peor día de todos». ¿Qué vamos a hacer cuando este día ocurre? ¿Cuál es el siguiente paso?

El siguiente paso correcto

¿Qué aprendemos de las experiencias de suicidio en nuestras comunidades? ¿Cómo analizamos esas situaciones en nuestras iglesias? Parece que estos casos suceden demasiado a menudo. Debemos hablar honestamente sobre el suicidio. Hablar sobe el suicidio le quita la vergüenza al mismo. La familia siente vergüenza, y las personas que tienen pensamientos suicidas sienten vergüenza. Nosotros también debemos mencionar que todos hemos tenido días que han sido muy pesados y cuando hemos sentido la profundidad de la desesperación. Tristemente, podemos pasar demasiado rápido al juicio: *¿Cómo pudieron hacer eso?*

¿Cómo pudieron dejar a sus [hijas, cónyuge, familia, amistades] así? Recordarles a las personas la importancia de la comunidad de fe y de formar parte de un grupo pequeño donde puedan compartir honestamente y rendir cuentas. Los grupos pequeños son una práctica espiritual que es de vital importancia *koinonia-alma*—compañerismo de alma a alma—más trascendente que un alimento. Necesitamos esa comunidad segura que permite que la vulnerabilidad y el espacio auténtico sean reales. Necesitamos un lugar para confesar lo que pasa en nuestros corazones y nuestras vidas, un lugar para confesar nuestras luchas y cuán profundamente necesitamos la gracia y la misericordia de Dios.

> Ten compasión de mí, oh Dios,
> conforme a tu gran amor;
> conforme a tu inmensa bondad,
> borra mis transgresiones.
> Lávame de toda mi maldad
> y límpiame de mi pecado.
> Salmo 51:1-2

Práctica de reinicio del alma

La confesión es un arte perdido en la iglesia protestante. ¿Cuándo fue la última vez que escuchó a alguien hablar de confesar nuestros pecados? ¡No queremos hablar de eso! Las Escrituras declaran que, si confesamos nuestros pecados y luchas, entonces Dios es fiel a perdonar y sanar. Confesar significa reconocer que no somos perfectos/as, que el pecado todavía existe en nuestras vidas, que hay cosas que hacemos y actitudes que tomamos que nos impiden perfeccionarnos en el amor. La confesión es importante para la salud, sanidad y liberación de la vergüenza, el desánimo, la depresión y el sufrimiento. Para confesar, solo debemos decir, «Dios, aquí es donde estoy ahora», y puede llamar a cualquier otra persona y decir, «tengo algunos asuntos que necesito confesar...». La confesión es fundamental en el viaje hacia la sanidad.

La confesión cambia nuestro comportamiento, lo que Dios desea, que seamos más y más como Jesús. Dios nos ofrece perdón y misericordia que recibimos en el Calvario. ¡La misericordia de Jesús fue tan grande que recibimos la gracia gratuitamente! Estábamos perdidos, pero hemos sido encontrados por el amor apremiante de Dios. La gente sabe de memoria Juan 3:16, pero el siguiente versículo dice que Jesús no vino a condenar sino a salvar. Él no nos avergüenza; quiere liberarnos. La vida a la que Dios nos invita es un favor inmerecido, ¡caminar en la luz! Este amor fue iniciado por Dios, consumado por Jesús, demostrado por la gracia de Dios, perpetuado por la misericordia de Dios; y sólo decimos, «Gracias, Jesús», y vivimos una vida sana en respuesta a eso. Confesamos nuestros pecados y luchas porque la confesión nos libera de creer que somos algo menos que seres humanos frágiles. Recibimos esta liberación, pero no olvidemos nunca que la necesitamos.

En una ocasión asistí a una conferencia. El orador hablaba sobre el liderazgo en la iglesia. Dijo: «Si usted, en su posición de liderazgo, tiene alguna responsabilidad durante el servicio de adoración ya sea con las luces, música, sonido, ambientación, recuerde que, en cualquier momento, todo lo que está bajo su responsabilidad puede salir mal. Cuando pase por uno de esos momentos, repita mentalmente: *No hay nadie aquí que necesite el amor y el perdón de Dios más que yo.* Concéntrese en Jesús en lugar de lo que salga mal en el servicio». Esta conferencia estaba dirigida a una audiencia llena de predicadores. Nos desafió a colocarnos de pie para predicar y confesar que nadie en nuestras iglesias necesita el perdón y el amor de Dios más que las personas en las posiciones de liderazgo. Particularmente pastoras y pastores tememos que nuestras congregaciones nos vean como humanos, llenos de errores y debilidades. Atiborramos nuestros sentimientos para ponerlos en una sola persona. Por dentro decimos: *Estoy lejos de la perfección, no siempre lo tengo todo bajo control. Puedo experimentar fracaso en cualquier momento. Sin importar las circunstancias, siempre debo expresarme con honestidad y autenticidad.* La verdad no nos hará sentir vergüenza. *Trato de hacer lo mejor para servir a Dios, pero soy consciente de mis grandes limitaciones cuando hablo sobre Dios o de lo que Dios ha hecho en mi vida.*

Como líderes, tenemos la tendencia a sentir fracaso a pesar de nuestros esfuerzos. Para acabar con el sentimiento de fracaso, tenemos que dejar de engañarnos. Así frenaremos el ciclo de engaño a los demás. Perpetuamos una versión exitosa de nuestra vida, pero debemos mostrar que, como cualquier ser humano, tenemos preocupaciones, amarguras, sentimientos de culpa, ansiedad, miedos e inseguridades. Tal vez pensemos que estas «debilidades» son la causa de nuestro fracaso. Mantengámonos en la verdad y la autenticidad frente a nosotros como líderes, a nuestras congregaciones y a Dios. Entre menos temamos expresarnos con autenticidad, más podremos decir la verdad a nuestras congregaciones, porque hemos conocido y experimentado el perdón de Dios. Imitemos al Rey David, que aprendió que la confesión es la única manera de dejar ir nuestra vergüenza. Cuando podemos hablar en voz alta de lo que realmente nos sucede —lo bueno, lo malo y lo feo— entonces podemos empezar a ver la luz y sentir la libertad que Jesús nos ofrece.

Tome un tiempo para la confesión. Utilice su diario para escribir una confesión o hable directamente con Dios y exprese el verdadero estado de su corazón. Confiese sus luchas, dudas, necesidades, pecados, confiese su dependencia de Dios. Le prometo que Dios es fiel y le liberará y perdonará. Dios está listo para caminar con usted a través de la restauración de su alma. Dios anhela su integridad y promete gracia y misericordia a cada paso del camino. Si necesita un reinicio del alma, le invito a dar ese primer paso. Pídele a Dios que reordene su vida y le muestre una vez más lo que significa vivir libremente y sin cargas.

Preguntas de reflexión

1. *¿Qué cree que significa «vivir en la luz»?*
2. *Lea Juan 3:17 de nuevo. ¿Qué significa para usted que Dios no le condene? ¿Cree que la gente generalmente piensa que Dios está lleno de gracia o que condena, y por qué?*
3. *Cuándo algo tan trágico como el suicidio ocurre, ¿cuál es la respuesta fiel de los amigos y la comunidad de fe?*
4. *¿Con qué frecuencia practica la confesión como parte de su vida espiritual? ¿Va a Dios a menudo en confesión? ¿Se confiesa en un grupo pequeño? ¿Por qué la confesión es tan importante para*

una vida vivida en la luz? ¿Cómo puede la confesión ayudarle a liberar su vergüenza?

5. *Aquí, al final del último capítulo de este libro, ¿qué es lo que agita a su espíritu sobre su necesidad de un reinicio del alma? ¿Qué necesita dejar o retomar? ¿Cómo está su alma? ¿Qué prácticas espirituales necesitará para buscar intencionadamente un reinicio del alma?*

⏻ La práctica espiritual diaria de esta semana es ***la Confesión***. Pase a la página 132 para descubrir las formas de practicar *la confesión* todos los días de la semana que viene.

EPÍLOGO

Espero que este libro le haya inspirado a hacer un reinicio del alma. Es decir, que sienta que es el momento oportuno para reclamar una salvación integral en alma, mente, espíritu, cuerpo, relaciones, que Jesús ofrece a cada creyente. Los reinicios son necesarios para despejar el desorden y funcionar de la manera como Dios nos creó y diseñó. Nos ofrecen un comienzo nuevo y proporcionan momentos decisivos para empezar a vivir desde una perspectiva nueva. La decisión de hacer un reinicio del alma no es algo que hacemos sólo una vez en nuestras vidas. El viaje a la plenitud nunca está completo hasta que morimos y vamos al cielo. Esto es lo que significa ser «perfeccionado/a en el amor». Soy una obra en progreso. Nunca hubiera imaginado que los progresos que había hecho después de mi crisis se verían gravemente amenazados por el tremendo dolor que experimenté más tarde, en 2012. Pero doy gracias a Dios por el viaje continuo y porque mi capacidad de vivir una vida sana y plena crece. No huyo de los problemas porque cada desafío es una oportunidad para aprender cosas nuevas que ayudan a profundizar mi fe.

Continúo en el descubrimiento de más aspectos sobre el reinicio de mi alma. Me he vuelto cada vez más consciente de mis desencadenantes emocionales. Los factores precipitantes son eventos, circunstancias, personas o situaciones que pueden provocar una reacción emocional dentro de nosotros. El mismo proceso de escribir este libro y recordar los detalles de mi historia fue un desencadenante para mí. Hubo días después de una sesión de escritura cuando simplemente quería ir a casa y quedarme en la cama. Me sentí agotado y como si reviviera la depresión, la vergüenza y la pena. Los sentimientos eran muy reales y crudos. Sin embargo, al contrario, compartí lo que sentía en la oración, y practiqué las mismas cosas que escribo en este libro. Ser consciente de los factores desencadenantes es una forma de capacitarse para actuar rápidamente y evitar los hábitos que conducen a la depresión, la vergüenza, el agotamiento o desfallecimiento. Sé lo fácil que sería para mí volver al aislamiento y a los malos hábitos. Por lo tanto, un desencadenante ahora me recuerda que debo pasar más tiempo con Dios. Soy muy consciente de la necesidad de practicar buenos hábitos espirituales. Ellos hacen crecer mi relación con Jesús, y me ayudan a mantener mi centro.

Un *restablecimiento del alma* es el verternos a Dios. Significa ponerse en el altar y buscar seriamente el rostro de Dios. Significa una temporada de oración ferviente y ayuno. Incluye encontrar formas nuevas y significativas de conectar con Jesús, el amante de nuestras almas. Recientemente he descubierto la alegría de tocar el piano. La música alimenta mi alma. Adoro a Dios cuando toco el piano, y la alegría que experimento es indescriptible. He descubierto nuevas formas de expresarme. Tocar el piano libera mi creatividad. También me ayuda a mantener la disciplina en otras áreas de mi vida. El proceso de la práctica regular, el aprendizaje de nuevas canciones y el estudio son muy útiles en mi ministerio. No se sorprenda si su reinicio del alma le lleva a un nuevo descubrimiento y a formas inesperadas de expresar su amor por Jesús.

El objetivo final de un reinicio del alma es vivir nuestras mejores vidas ahora, para experimentar la vida abundante que Jesús nos prometió. A veces esto significa luchar por la alegría en medio de situaciones difíciles. El apóstol Pablo estaba en prisión, preparándose para ser ejecutado, y escribió una carta a la iglesia de Filipos sobre la alegría. Les dijo, «*Estén siempre llenos de alegría en el Señor. Lo repito, ¡alégrense!*». (Filipenses 4:4, NTV). No es fácil, pero es posible, sobre todo cuando se recuerda que en la presencia de Dios hay plenitud de alegría. Por eso estas prácticas espirituales son tan importantes y vitales para nuestro viaje de discipulado. No se trata de ser un mejor miembro de la iglesia. No se trata de ser un líder perfecto o una líder perfecta. No se trata de tener la apariencia de religiosidad o santidad. Se trata de crecer en nuestra relación con Dios y permanecer en el amor de Jesús.

Nuestra relación con Dios es la base para una vida sana y plena y para crear una comunidad de fe saludable. Cada día que pasa me enseña que, si me mantengo conectado a Jesús y fundamentado en mi fe, entonces no importa lo que enfrente, no tiene que sobrecargarme. Estoy aprendiendo que no importa lo que pase, no lo enfrento solo. Recuerden,

> «*Si tienes que pasar por el agua, yo estaré contigo,*
> *si tienes que cruzar ríos, no te ahogarás;*
> *si tienes que pasar por el fuego, no te quemarás,*
> *las llamas no arderán en ti*». (Isaías 43:2, DHH)

Mi oración es que el reinicio de su alma establezca un nuevo curso para su vida. Creo que cambiará la forma en que se conduce a sí mismo/a y a las demás personas. Como resultado, su iglesia, familia y lugar de trabajo nunca más serán los mismos. ¡En el nombre de Jesús! Amén.

PRÁCTICAS ESPIRITUALES DIARIAS PARA EL REINICIO DEL ALMA

SEMANA

1

La práctica del examen

La oración del examen es una práctica espiritual introducida por Ignacio de Loyola (1491-1556) que invita a una reflexión interior profunda sobre cada día como un ejercicio para notar el movimiento de Dios, nuestra conexión con Dios a lo largo del día, y aprender a discernir la voluntad de Dios. En la práctica del *examen*, buscamos y encontramos a Dios en todas las situaciones de la vida diaria. Al examinar cada día, buscamos esos momentos en los que nos sentimos cerca de Dios, lo que Ignacio de Loyola describe como un *consuelo*. Luego buscamos esos momentos en los que nos sentimos desconectados de Dios, que define como *desolación*. En ambos espacios, podemos buscar a Dios y escuchar la voluntad de Dios para nosotros, descubrir la verdad acerca de quiénes somos, y que nos recuerden que siempre estamos sostenidos por un Dios bueno y amoroso.

Esta semana, les invito a cerrar cada día con la práctica del *examen*. Encuentre un lugar tranquilo, y apague su teléfono y cualquier otra distracción. Encienda una vela e invite a Dios a estar presente con usted. Respire profundamente, y acomódese en su cuerpo y en la tranquilidad. Inicie cada práctica con el repaso del día en su mente, preste atención a los momentos de alegría, confusión, tristeza o paz. Las pautas diarias para cada día se enumeran a continuación.

Día 1: *¿Qué le trajo más alegría hoy? De gracias a Dios. ¿Cuándo sintió más conexión con Dios? Dé gracias a Dios. ¿Se sintió triste hoy? Comparta sus sentimientos total y abiertamente con Dios. Luego, siéntese en silencio y escuche la voz de Dios que le recuerda que Dios le ama y le sostiene en la gracia.*

Día 2: *Si pudiera revivir un momento de hoy, ¿cuál sería? ¿Dónde estaba Dios en este momento maravilloso? ¿Qué experimentó o descubrió sobre el amor y la gracia de Dios hoy?*

Día 3: *Jesús nos invita a vivir cada día con él ligeramente y sin cargas. ¿Se sintió libre y sin cargas pesadas hoy? Si es así, ¿cómo fue caminar sin cargas durante el día? Si no, ¿qué necesita para aceptar la invitación de Jesús a una vida ligera y libre? Escuche a Dios en el silencio de su corazón sobre lo que le impide la libertad.*

Día 4: *Reflexione sobre su capacidad de dar y recibir amor hoy. ¿Fue fácil o difícil dar amor? ¿Fue fácil o difícil recibir amor? Busque a Dios en estos momentos de dar y recibir amor hoy, y pídale que le enseñe más sobre las formas generosas de amar de Dios.*

Día 5: *Repase el día en su mente, haga una pausa en cada momento de gratitud para dar gracias. Invite a Dios a reiniciar su corazón, para limpiar el desorden de la culpa, las palabras duras, las palabras no dichas, las acciones tomadas o no realizadas. Deje que la gracia de Dios limpie la desolación y le guíe a un lugar de consolación donde siempre pueda empezar de nuevo.*

Día 6: *¿Cómo está su alma? Escuche su cuerpo, sus sentimientos y pensamientos. Comparta con Dios cómo está su alma hoy. Luego, escuche la voz de Dios hablarle a su corazón.*

Día 7: *Reflexione sobre la idea de la plenitud. ¿Qué imágenes vienen a su mente? ¿Se siente una persona plena? Si no es así, ¿qué es lo que le impide sentir plenitud? Si es así, ¿cómo llegó a ser una persona plena y qué se siente? Dé gracias por donde se encuentra en su peregrinaje espiritual e invite a Dios a que le hable a su corazón en la quietud.*

SEMANA

2

La práctica de la oración

La práctica de la oración simplemente significa pasar tiempo con Dios. A veces hablamos; a veces escuchamos; a veces buscamos; a veces descansamos, todas son acciones de la práctica de la oración. A lo largo de las Escrituras, tenemos ejemplos de diversas formas de oración, desde Abraham mirando las estrellas con Dios; el trabajo de David, su lamento y aflicción, y luego su alabanza de nuevo a Dios; Elías refugiado en una cueva para escuchar a Dios; el mismo Jesús que nos ofrece las palabras para orar. La Biblia nos muestra una y otra vez que Dios desea tiempo y conversación con nosotros.

Esta semana, se le invitaría a la oración de diferentes formas, con la tarea sencilla de sentarse con Dios. Separe un período de tiempo cada día y designe un lugar que será dedicado a su práctica de oración. Haga de esto un tiempo intencional y apartado sólo para que usted y Dios pasen algún tiempo juntos/as.

Día 1: *Sitúese en un lugar tranquilo y apague su teléfono. Siéntese por un momento en silencio, y centre sus pensamientos y su corazón en acercarse a Dios. Una vez que se haya establecido, fije la intención de simplemente sentarse en la presencia de Dios. Cuando las tareas por realizar o preocupaciones o incluso los temores vengan a su mente, reconózcalos ante Dios, y pídale a Dios que los tenga en sus manos. Preste atención a los mensajes que Dios pueda tener para usted, palabras que le den consuelo o estímulo, o tal vez sólo un sentimiento de paz o misericordia. Esta práctica de la oración no requiere palabras ni esfuerzo; es simplemente un momento para que se siente con Dios y deje que sus pensamientos y sentimientos vengan y se vayan. Cuando esté listo/a, termine su tiempo de oración con la oración del Padre Nuestro.*

Día 2: *Para su práctica de oración de hoy, se le invita a escribir una carta a Dios. Considere que Dios nos invita a la amistad. Los amigos tienen conversaciones regulares, comparten esperanzas y temores, sueños y pruebas. Siéntese con un papel y bolígrafo hoy, y escriba una carta a Dios, su amigo. Comparta todo lo que pasa en su vida ahora mismo, lo que tiene en mente, lo que pasa con su familia, sus luchas, sus agradecimientos —todo lo que compartiría con su mejor amigo.*

Día 3: *Hoy, se le invita a permanecer en silencio con su amigo. Dedique un tiempo para bloquear cualquier ruido y crear una oportunidad para escuchar la voz apacible y tranquila de un Dios amoroso. Deje que sus pensamientos floten como nubes, y deje que el silencio limpie su corazón y su mente. No se esfuerce o trate de alcanzar estos momentos. Simplemente siéntese en la presencia de Dios y permanezca en silencio.*

Día 4: *A veces la vida se nos viene encima, y antes de que nos demos cuenta, nuestros corazones se ven invadidos por la preocupación, el miedo y los pensamientos ansiosos. Las pruebas y el sufrimiento pueden hacernos sentir como si no hubiera nada bueno en nuestras vidas o que no volveremos a experimentar la alegría. Los Salmos nos enseñan cómo alabar a Dios, incluso en nuestro sufrimiento. David expone todos sus sentimientos ante Dios: ira, incertidumbre, miedo, derrota, tristeza, depresión, pero vuelve a su amor por Dios y encuentra una manera de «todavía lo alabaré», incluso cuando se enfrenta a pruebas. Nombre ante Dios sus miedos y preocupaciones, sus pruebas y pensamientos ansiosos. Luego, cierre su oración con palabras de adoración, y alabe a Dios con su corazón.*

Día 5: *Practique la oración hoy al buscar a Dios en todas partes. Mantenga sus ojos y oídos abiertos para notar la belleza de la creación, las palabras de aliento de un amigo, el viento que sopla en su cara. Note la bondad de Dios a su alrededor, y déjese atrapar por ella. Disponga su corazón para buscar a Dios, para buscar el movimiento de Dios y escuchar la voz de Dios todo el día.*

Día 6: *Hoy, alinee su oración con su respiración al practicar una oración de respiración. A lo largo del día, tan a menudo como pueda, deje que su corazón susurre mientras inhala, «Señor Jesucristo»; y mientras exhala, «ten piedad de mí, y perdona mis pecados».*

Día 7: *¿Cómo está su alma en este momento? Pídale a Dios que le revele los lugares de su vida que prosperan, y luego pídele que le muestre los lugares que necesitan una vida nueva. Ore por un corazón limpio y un espíritu renovado.*

SEMANA 3

La práctica del ayuno

El ayuno puede ser difícil de entender y de practicar. A veces puede ser malinterpretado y confundido con la dieta, pero no tiene nada que ver con la pérdida de peso. El ayuno se trata de negarse a sí mismo, de decir sí a Dios y decir no a algún otro deseo desafiante. Esta semana, hará un ayuno diario de varias cosas que compiten por el espacio en su corazón y mente, para que le recuerden su verdadero deseo de darle a Dios todo su corazón.

Día 1: *Haga ayuno de los medios sociales de comunicación durante 24 horas. Apague estas aplicaciones en su teléfono celular, y haga lo mejor que pueda para no abrirlas en su computadora. Note cualquier impulso que tenga para revisar su teléfono celular o de ir a iniciar «Facebook»* en su computadora *antes de que se dé cuenta. Al sentir esos impulsos, pídale a Dios que sea el Señor de su vida. Pídale a Dios que le ayude a manejar los medios sociales de comunicación como algo jovial y «extra» en su vida y no como una distracción que le impida estar completamente presente con Dios, su familia y sus amigos/as.*

Día 2: *Ayuno de alimentos de un atardecer a otro. Durante su última comida, pídale a Dios que sea su fuerza mientras duerme y continúa su día, con su confianza sólo en Dios. Asegúrese de beber mucha agua. A lo largo de su día de ayuno, fíjese en sus antojos, su resistencia y su claridad. Apóyese en la fuerza de Dios, y pídale a Dios que le ayude a depender de él todos los días. Cuando se siente a comer de nuevo, dé gracias a Dios por la fuerza y la presencia de Dios que está siempre con usted.*

Día 3: *Ayuno de palabras. En la medida de lo posible, absténgase de hablar durante un período de tiempo. Puede que tenga que compartir su práctica con su familia o compañeros de trabajo con antelación. Esta es una práctica de ser lento/a para hablar y rápido/a para escuchar. Preste atención a lo que escucha cuando no está en función de elaborar sus propias respuestas constantemente.*

Día 4: *Ayuno del uso de materiales plásticos. Absténgase lo mejor que pueda de utilizar cualquier producto plástico y fácil de desechar. Note el esfuerzo extra de lavar un vaso o llevar con usted una botella de agua reutilizable. Preste atención a lo que arroja a la basura en un día, y considere cómo podría reducir los desechos al ser más consciente de las elecciones que hace.*

Día 5: *Ayuno de los excesos. El tamaño grande y volver por más, la terapia de salir de compras y la acumulación, pueden ser una parte natural de muchos de nosotros y nosotras. Pase 24 horas en la práctica de la simplicidad y la moderación. Evite las segundas porciones. No compre nada que no necesite. Pase algún tiempo en su armario, saque los artículos innecesarios y dónelos o haga una donación con ellos a una tienda de ventas de segunda. Pase este día sólo con lo que sea necesario y nada más. Observe cómo se siente negarse a sí mismo algo que quiera. Pídale a Dios que le enseñe a vivir de forma sencilla y a depender de Dios.*

Día 6: *Ayuno de quejarse y criticar. Asuma un espíritu de gentileza y buen humor por un día. ¿Qué pasa con su estado de ánimo? ¿Con su semblante?*

Día 7: *Ayuno por la tecnología. Salga a caminar, tome una siesta, escriba cartas, prepare una comida completa. Deje que sus ojos miren las cosas reales delante de usted, y esté presente donde se encuentra.*

SEMANA

La práctica de cuidar su cuerpo

A veces pensamos en nuestras prácticas espirituales y en la vida con Dios como algo separado de la forma cómo tratamos nuestros cuerpos. Pero somos hijos e hijas únicos y únicas, creados/as por Dios: cuerpo, mente y espíritu. El deseo de Dios de nuestra integridad no sólo se refiere a nuestros corazones, sino también a nuestro ser completo. Esta semana, buscaremos la integridad al cuidar también nuestros cuerpos.

Día 1: *Dormir ocho horas. Observe su horario de la semana y hagan un plan para dormir ocho horas completas cada noche de esta semana. Cuando vaya a dormir cada noche, pídanle a Dios que les dé descanso. Preste atención a la forma en que su cuerpo descansado le sirve a lo largo del día. ¿Cómo le equipa el descanso para los desafíos de cada día? ¿Cómo permite el descanso una conexión más profunda con Dios?*

Día 2: *Tome suficiente agua. En el transcurso del día, beba intencionadamente ocho vasos grandes de agua. Cada vez que lo haga, reflexione sobre Jesús como la fuente de Agua Viva que le sostiene para una vida con Dios. Fíjese en lo hidratante que le hace sentir, ¿Tiene más energía? ¿Tiene más confianza, al saber que toma buenas decisiones para su salud?*

Día 3: *Si puede, salga a caminar por un buen rato, tome el sol y respire profundamente mientras camina. Deje que las endorfinas hagan efecto, y sienta la fuerza de sus piernas al caminar. Sienta cómo su espalda se endereza mientras da zancadas largas. Con cada respiración, respire la gracia de Dios; al exhalar, exhale su alabanza a Dios.*

Día 4: *Ayuno de azúcar. La mayoría de nosotros no tenemos ni idea de cuánta azúcar consumimos cada día. Cuide su cuerpo al evitar ineludiblemente el consumo de azúcares durante el día. Diga no a la crema de café azucarada o a la miel en su té. Diga no al cajón de los aperitivos azucarados de la oficina o al plato con pudines que apareció sin avisar. Diga no a la bebida gaseosa que piensa que debería tomar a las 3:00 p.m. todos los días. Fíjese en cuántas formas el azúcar se infiltra en su día sin que se de cuenta. Después de hoy, determine qué tipos de azúcar podría eliminar permanentemente de su rutina para cuidar mejor de su cuerpo.*

Día 5: *Hoy, escriba una carta de agradecimiento a su cuerpo por lo que hace por usted. Dios hizo nuestros cuerpos de una manera tan impresionante y para cosas increíbles. Considere todo lo que su cuerpo hace por usted. Dé gracias por ello, y considere cómo podría cuidar mejor su cuerpo como un acto de adoración al Dios que nos creó.*

Día 6: *Encuentre un compañero o una compañera de entrenamiento. ¿Quién será la persona para esta responsabilidad mientras se propone a cuidar bien de su cuerpo? Haga que sea su tarea número uno hoy.*

Día 7: *Prepare su comida saludable favorita para comer con sus amistades y familia. Alimente su cuerpo con comida saludable, y alimente su espíritu al compartir tiempo conscientemente con sus seres queridos, reunidos en la mesa. Ore y bendiga los alimentos y a sus amistades.*

SEMANA

5

La práctica de la adoración

La adoración es más que una simple experiencia de una hora, un día a la semana. La adoración es un estilo de vida. Adorar es reconocer que Dios es Dios y nosotros no. Adoramos porque Dios es santo. Adoramos porque la fidelidad de Dios necesita una respuesta. Adoramos porque pasar tiempo con Dios nos hace personas completas. La adoración puede abarcar todo, desde el lamento hasta la adoración, y nos da la seguridad de que Dios puede encargarse de cualquier forma en que vengamos a adorar.

Día 1: *Antes de llegar a la adoración esta semana, dedique un tiempo a meditar sobre la práctica del lamento. El lamento es una práctica bíblica y santa de llorar ante Dios, decirle a Dios exactamente cómo nos sentimos sobre lo que sucede en nuestras vidas, y luego rogarle a Dios que se acerque. Los Salmos nos muestran este ejemplo una y otra vez. Los salmistas escriben en su desesperación, nombran sus sentimientos verdaderos a Dios, pero siempre vuelven a una palabra de adoración o invitación para que Dios se acerque. Lea el Salmo 22, y tome nota de las palabras de lamento y adoración. Reescriba el salmo con sus propias palabras. ¿Qué es lo que en su propia vida o en el mundo ahora mismo le hace lamentarse?*

Día 2: *Reflexione sobre sus sentimientos acerca del lamento. ¿Se siente libre de llevar todos sus pensamientos y sentimientos a Dios, sin importar cuáles sean? ¿Confía en que Dios le ama, sin importar sus emociones duras? Escriba un salmo de lamento sobre una fuente de dolor o desesperación en su propia vida. Confíe en que Dios puede manejar sus sentimientos más profundos.*

Día 3: *Elija una canción o un himno de adoración que sea el tema del día. Escuche la canción una y otra vez a lo largo del día, eleve su corazón a Dios en adoración cada vez que la escuche. Reflexione sobre la forma en que asumir una actitud de adoración afecta a su día.*

Día 4: *Adore a Dios hoy. Busque la majestad de Dios a su alrededor, en la creación y en los demás. Diga sus alabanzas a Dios de forma audible o en su corazón a medida que ellas se elevan dentro de usted. Agradezca a Dios por todas las situaciones que ha atravesado con usted. Al final del día, revise todas las formas en que vio la presencia de Dios, y dé gracias.*

Día 5: *Practicar la adoración en comunidad. Sea intencional mientras se prepara para el culto de adoración esta semana. Camine hacia la adoración con una actitud de expectativa para encontrar al*

Dios vivo. Deje que sus alabanzas se eleven a Dios, y espere que el Espíritu de Dios habite en las alabanzas del pueblo de Dios.

Día 6: *¿Qué le gusta hacer, que le gusta mucho,* mucho *hacer? ¿Tocar un instrumento? ¿Cantar? ¿Jugar un deporte? ¿Hacer balances de hojas de cálculo? ¿Pintar o tomar fotos? Dé gracias a Dios por esa pasión, y pase algún tiempo con Dios mientras practica o realiza su pasatiempo favorito. Deje que un espíritu de adoración se eleve dentro de usted mientras hace lo que le gusta hacer y dé gloria a Dios.*

Día 7: *Suscríbase a un podcast de culto, de su autor, o autora, cristiano favorito, de su pastor o pastora, de un cantante o de una liturgia. Haga el propósito de escuchar el podcast en uno de los momentos en que conduce el automóvil o se moviliza en cualquier otro medio de transporte durante el día, y permita que la adoración sea parte de su actividad diaria.*

SEMANA

6

La práctica de la confesión

Un elemento clave del viaje a la plenitud es la autenticidad o vulnerabilidad. Cuando buscamos la plenitud, dejamos de fingir y damos el paso valiente y vulnerable hacia la autenticidad. La práctica en la que nos centraremos esta semana es la confesión. En lugar de diferentes ejercicios diarios, se le invita a escribir una oración de confesión al final de cada día de esta semana. Sea vulnerable con Dios cuando pierda los estribos o esté impaciente con alguien ese día. Note cuando prefirió esconderse detrás de una versión más brillante de lo que usted es en realidad en lugar de dejar que su ser verdadero se muestre, y confiese eso también. La práctica de la honestidad personal y con Dios nos impulsa en nuestro viaje de reinicio del alma.

ACERCA DEL AUTOR

El reverendo Junius B. Dotson (1965 – 2021) se desempeñó como Secretario General (CEO) de Ministerios de Discipulado de la Iglesia Metodista Unida desde el año 2016 hasta la fecha de su fallecimiento en febrero de 2021. Fue un líder reconocido nacionalmente, orador y autor sobre el evangelismo y la revitalización de la iglesia. Dotson lanzó «See All the People», la iniciativa bastante exitosa para toda la iglesia que ayuda a los líderes y las líderes de las congregaciones a concentrarse en el discipulado intencional, a medida que aprenden conductas nuevas para involucrar a la comunidad que les rodea. Esta iniciativa incluye actualmente su serie radial diaria de noventa segundos, «See All the People», que se emite en más de cuarenta emisoras de Estados Unidos.

El reverendo Dotson es el autor de *Developing an Intentional Discipleship System: A Guide for Congregations (Desarrollar un sistema de discipulado intencional: Una guía para las congregaciones)* y *Engaging Your Community: A Guide to Seeing All the People (La participación de su comunidad: Una guía para ver a todas las personas).* Ambos recursos ayudan a las congregaciones a ver más allá de sus paredes, para reconocer que Dios nos llama a tener «relaciones significativas de formas auténticas, naturales y consistentes».

Como líder respondía a los desafíos y oportunidades de maneras nuevas y creativas. El reverendo Dotson creía que el ministerio efectivo se trata de capacitar, desarrollar y fortalecer a los líderes y las líderes para establecer ministerios que aborden las necesidades que hacen de cada persona un ser integro: cuerpo, mente y espíritu.

Posterior a su cargo como Secretario General (CEO) de Ministerios de Discipulado de la Iglesia Metodista Unida, el reverendo Dotson fue pastor principal de la Iglesia Metodista Unida de San Marcos en Wichita, Kansas, donde su labor fue fundamental para transformar la iglesia de 3.500 miembros en una congregación de múltiples campus.

El reverendo Dotson obtuvo su licenciatura en ciencias políticas, con énfasis en economía, de la Universidad de Texas en Arlington. Mientras asistía a la UT-Arlington, fue presidente de la unidad local de Alpha Phi Alpha, la fraternidad afroamericana más antigua de la nación. El reverendo Dotson comenzó sus estudios graduados en la Escuela de Teología Perkins de la Universidad Metodista del Sur y obtuvo su Maestría en Divinidad en la Escuela de Religión del Pacífico en Berkeley, California. Fue ordenado en junio de 1992.

En 1996, el reverendo Dotson respondió al desafío de plantar la Iglesia Metodista Unida Génesis, una iglesia nueva e innovadora en el Valle del Silicon de California, que creció hasta convertirse en una comunidad religiosa diversa de casi 500 feligreses.

Junius era oriundo de Houston, Texas. Padre orgulloso de dos hijos adultos, Wesley y Janelle. Fue un fanático del equipo de futbol Dallas Cowboys y disfrutaba de tocar el piano.

CPSIA information can be obtained
at www.ICGtesting.com
Printed in the USA
JSHW031013030421
13144JS00003B/5

9 780835 819640